Scoprire i Giochi Gratuiti Online

Disponibile Qui:

BestActivityBooks.com/FREEGAMES

5 CONSIGLI PER INIZIARE

1) COME RISOLVERE LE PAROLE INTRECCIATTE

I puzzle hanno un formato classico:

- Le parole sono nascoste senza spazi o trattini,...
- Orientamento: Le parole possono essere scritte in avanti, indietro, verso l'alto, verso il basso o in diagonale (possono essere invertite).
- Le parole possono sovrapporsi o intersecarsi.

2) APPRENDIMENTO ATTIVO

Accanto ad ogni parola c'è uno spazio per scrivere la traduzione. Per incoraggiare l'apprendimento attivo, un **DIZIONARIO** alla fine di questa edizione vi permetterà di controllare e ampliare le vostre conoscenze. Cerca e scrivi le traduzioni, trovale nel puzzle e aggiungile al tuo vocabolario!

3) SEGNARE LE PAROLE

Puoi inventare il tuo sistema di segni. Forse ne usi già uno? Per esempio, puoi segnare le parole difficili da trovare con una croce, le parole preferite con una stella, le parole nuove con un triangolo, le parole rare con un diamante, e così via.

4) STRUTTURARE L'APPRENDIMENTO

Questa edizione offre un **TACCUINO** alla fine del libro. In vacanza, in viaggio o a casa, puoi organizzare facilmente le tue nuove conoscenze senza bisogno di un secondo quaderno!

5) AVETE FINITO TUTTE LE GRIGLIE?

Nelle ultime pagine di questo libro, nella sezione della **SFIDA FINALE**, troverete un gioco gratuito!

Facile e veloce! Dai un'occhiata alla nostra collezione di libri di attività per il tuo prossimo momento di divertimento e **apprendimento,** a portata di clic!

Trova la tua prossima sfida su:

BestActivityBooks.com/MioProssimoLibro

Ai vostri posti, pronti...Via!

Sapevi che ci sono circa 7.000 lingue diverse nel mondo? Le parole sono preziose.

Amiamo le lingue e abbiamo lavorato duramente per creare libri di altissima qualità. I nostri ingredienti?

Una selezione di argomenti adatti all'apprendimento, tre buone porzioni di intrattenimento, una cucchiaiata di parole difficili e una spolverata di parole rare. Li serviamo con amore e entusiasmo in modo che tu possa risolvere i migliori giochi di parole e divertirti imparando!

La vostra opinione è essenziale. Puoi partecipare attivamente al successo di questo libro lasciandoci un commento. Ci piacerebbe sapere cosa ti è piaciuto di più di questa edizione.

Ecco un link veloce alla pagina dell'ordine:

BestBooksActivity.com/Recensione50

Grazie per il vostro aiuto e buon divertimento!

Tutta la squadra

1 - Scacchi

```
S E G N E L L A H C H E X J H W
E A F W U S Q S A J P I G X B W
L Q C S Y M E D D H W P M Q W V
U P U R I H Y N Y C O N T E S T
R A A E I A E P L A Y E R M I L
C S X Q E F T O L E A R N I J E
L S H S T N I O P J T L M T N Y
E I W W L Y H C G S R E Q C C K
V V A M H B W B E I F R G B D S
E E Z Q V E P L A N O G A I D T
R Q U G C A K A Y U L N Y J Z R
O G Z Z T R T C G J N I J H O A
P N A J C B Q K N F N K D B C T
L A I M C H A M P I O N J M F E
Y V T N E N O P P O I U J M C G
T O U R N A M E N T L U X B R Y
```

OPPONENT	TO LEARN
WHITE	POINTS
CHAMPION	KING
CONTEST	QUEEN
DIAGONAL	RULES
PLAYER	SACRIFICE
GAME	CHALLENGES
CLEVER	STRATEGY
BLACK	TIME
PASSIVE	TOURNAMENT

2 - Salute e Benessere #2

```
M D I N F E C T I O N H R Q W A
S N I N T S E D U Y Y O R Y U L
D O N S L J V O V P C S R G B L
G I Y Q E I R O L A C P A C S E
E T G J S A W L H F L I I I P R
N A U E Z Q S B O D Y T E I D G
E R H M S E C E M Z U A O U C Y
T D V E R T H G I E W L K E B T
I Y I T A A I A N A T O M Y K D
C H T I U L N O I T I R T U N M
S E A T S A T H N E N E R G Y W
B D M E X S D H N C O T Q H V D
A S I P M G E Q Y K A Q W H M Y
T U N P X H I P W H I E A P O P
M R F A G S Y H Y G I E N E D J
O M A S S A G E E T X K M F J T
```

ALLERGY
ANATOMY
APPETITE
CALORIE
BODY
DIET
DIGESTION
DEHYDRATION
ENERGY
GENETICS

HYGIENE
INFECTION
DISEASE
MASSAGE
NUTRITION
HOSPITAL
WEIGHT
BLOOD
HEALTHY
VITAMIN

3 - Aggettivi #2

```
K  I  N  I  P  H  O  C  L  T  M  K  O  B  T  H
D  L  K  L  J  O  A  U  O  N  B  E  R  R  B  U
X  M  U  U  B  E  V  V  G  M  C  Q  Z  E  O  N
M  Q  W  G  S  U  O  M  A  F  C  R  K  E  E  G
P  W  E  V  I  T  C  U  D  O  R  P  C  L  A  R
D  U  O  R  P  L  R  K  L  F  N  L  I  B  E  Y
F  E  R  O  N  B  F  O  C  R  E  A  T  I  V  E
A  X  S  E  E  J  C  Z  N  D  W  R  N  S  I  S
F  V  C  R  W  F  J  W  C  G  I  U  E  N  T  W
I  N  T  E  R  E  S  T  I  N  G  T  H  O  P  E
D  R  A  M  A  T  I  C  X  W  R  A  T  P  I  E
S  A  L  T  Y  B  G  J  H  H  D  N  U  S  R  T
L  J  E  W  I  F  F  S  O  E  M  W  A  E  C  S
S  Y  G  T  O  H  D  R  Y  S  P  L  W  R  S  I
G  N  S  R  M  N  M  H  E  A  L  T  H  Y  E  N
N  O  R  M  A  L  I  E  L  E  G  A  N  T  D  M
```

HUNGRY	INTERESTING
DRY	NATURAL
AUTHENTIC	NORMAL
CREATIVE	NEW
DESCRIPTIVE	PROUD
SWEET	PRODUCTIVE
DRAMATIC	PURE
ELEGANT	RESPONSIBLE
FAMOUS	SALTY
STRONG	HEALTHY

4 - Ingegneria

```
D S T R U C T U R E R P G M M M
U I M V H X H O Z Z O R C A E E
L S A P U O N T N S T O A C A B
X N R M D E P T H A P L H S D
U J G L E S E I D A T U C I U I
W E A V T T X S D B I L U N R S
D B I U I G E Q Z I O S L E E T
Z G D G C L W R K L N I A B M R
S T R E N G T H V I S O T A E I
M Q U A N G L E M T Q N I O N B
O S E F D U W V U Y Y X O D T U
T C K N O I T C U R T S N O C T
O B Y Y T C U A X L J R P S O I
R J M D T Y T Q X D Y A R H E O
X B F E R I D R I I V E D M J N
J S E N E R G Y U L S G V D S I
```

ANGLE	GEARS
AXIS	LIQUID
CALCULATION	MACHINE
CONSTRUCTION	MEASUREMENT
DIAGRAM	MOTOR
DIAMETER	DEPTH
DIESEL	PROPULSION
DISTRIBUTION	ROTATION
ENERGY	STABILITY
STRENGTH	STRUCTURE

5 - Archeologia

```
V Q M Y B I B A A U N K N O W N
A N T I Q U I T Y N F B S W U U
P O F W V B T R Q B A O K Q N O
R I T O U J E D Y J S L S V O L
O T I T R K A B O N E S Y S G I
F A B V V G M L V S I R R S I E
E Z V I V O O K M E U I E H I L
S I S P I X V T E W X V T Y P S
S L X T D W F N T V G H S U R V
O I Z Z I C C B T E X T Y K R M
R V T O M B I C M J N B M J S U
V I N D Y B L O B J E C T S Q E
C C A N C I E N T E M P L E D
R T S Y Z E R A B Q C M N U V C
R E S E A R C H E R B O C N V Y
D E S C E N D A N T R E P X E S
```

ANALYSIS
ANTIQUITY
ANCIENT
CIVILIZATION
FORGOTTEN
DESCENDANT
ERA
EXPERT
FOSSIL
MYSTERY

OBJECTS
BONES
PROFESSOR
RELIC
RESEARCHER
UNKNOWN
TEAM
TEMPLE
TOMB

6 - Salute e Benessere #1

```
C  B  I  T  F  K  B  G  A  R  J  C  U  X  T  M
Y  H  Q  X  Z  R  O  T  C  O  D  P  X  B  H  E
N  L  X  W  Y  P  A  R  E  H  T  L  Y  F  L  D
R  N  E  Y  O  C  Y  C  A  M  R  A  H  P  S  I
H  C  L  X  T  N  E  M  T  A  E  R  T  C  Z  C
N  H  F  Q  M  N  U  B  R  U  A  D  P  C  I  I
E  E  E  H  H  Z  I  R  L  F  R  Z  O  L  X  N
U  E  R  I  H  A  B  I  T  C  V  E  S  I  H  E
H  W  F  V  G  K  Y  E  O  A  D  A  T  N  O  V
U  D  P  X  E  H  T  P  I  H  L  H  U  I  R  G
N  I  K  S  T  S  T  S  S  E  V  N  R  C  M  Z
G  B  Q  A  S  J  Y  W  U  V  P  Q  E  M  O  E
E  F  D  B  A  C  T  E  R  I  A  Z  G  I  N  L
R  H  R  C  X  G  N  O  I  T  A  X  A  L  E  R
M  U  S  C  L  E  S  E  V  C  R  V  H  Y  S  S
F  K  M  E  Z  N  Q  I  J  A  L  A  C  U  A  D
```

HABIT
HEIGHT
ACTIVE
BACTERIA
CLINIC
HUNGER
PHARMACY
FRACTURE
MEDICINE
DOCTOR

MUSCLES
NERVES
HORMONES
SKIN
POSTURE
REFLEX
RELAXATION
THERAPY
TREATMENT
VIRUS

7 - Aggettivi #1

```
G Q I W E F Z U P F R X M F P I
K G K U J S P D E G U H U E H M
J D J S W D T Y R G D V A H N P
A B S O L U T E F L R G X O Y O
W F A C T I V E E H G A X N O R
L O N G Q E K F C F H J L E U T
H N I K M V X W T U R B R S N A
R R J X O Q A O K I B E Q T G N
K A E T D K T L T Y W Q T A G T
Q X Q I E N H S U I W W W R I C
Q Q T C R K I N Q A C I Q T R H
T F T U N T N F Z N B E F I X E
A R O M A T I C Q H D L B S G A
I D E N T I C A L B F E E T A V
G A M B I T I O U S T Z H I A Y
N V G E N E R O U S H Q Z C X D
```

AMBITIOUS
AROMATIC
ARTISTIC
ABSOLUTE
ACTIVE
HUGE
EXOTIC
GENEROUS
YOUNG
LARGE

IDENTICAL
IMPORTANT
SLOW
LONG
MODERN
HONEST
PERFECT
HEAVY
VALUABLE
THIN

8 - Geologia

```
C D D B K D A N M L H F T G S Y
R Z R A I F C E T U L A Y E R K
Y U T W K B G Y Z V X J O A B X
S A O O O J J D B M M I E D U O
T I P L T A W S L A R E N I M G
A D P B I S Z T R A U Q R C E E
L T K U V Y H O E W A D E A A Y
S F O Q B W Y N O B E V V C R S
C A L C I U M E U J T L A S T E
E T I T C A L A T S A N C L H R
P R U N C O R A L Z L P U I Q A
T W O N A C L O V L P Z Z S U U
D X W S E T I M G A L A T S A Y
O U O B I O K R V B Y X V O K G
L L I U V O M T H U Z A G F E U
L B J L B T N E N I T N O C W C
```

ACID
PLATEAU
CALCIUM
CAVERN
CONTINENT
CORAL
CRYSTALS
EROSION
FOSSIL
GEYSER

LAVA
MINERALS
STONE
QUARTZ
SALT
STALAGMITES
STALACTITE
LAYER
EARTHQUAKE
VOLCANO

9 - Campeggio

```
X  Y  F  U  C  S  P  C  B  E  F  I  V  C  X  Q
P  T  O  C  F  T  D  J  H  D  O  E  X  T  Z  Q
U  M  R  Q  K  L  A  K  E  A  O  P  F  Q  U  M
H  Q  E  W  C  C  A  Y  U  W  T  M  Z  T  K  D
H  M  S  F  Y  Z  O  E  R  U  T  A  N  X  H  D
I  F  T  S  A  N  I  M  A  L  S  P  S  S  I  O
M  T  X  P  U  I  J  U  M  C  O  M  P  A  S  S
V  O  Y  W  Y  B  Y  J  I  A  C  A  N  O  E  S
B  M  U  A  A  M  O  O  N  H  G  I  A  E  J
F  U  N  N  O  C  D  V  B  R  O  K  A  M  R  M
J  H  S  I  T  C  E  S  N  I  R  O  P  E  T  G
T  T  G  T  K  A  W  R  B  W  J  N  M  M  L  E
B  S  F  N  E  I  I  O  T  E  N  T  B  W  Z  P
Q  V  T  U  Y  C  W  N  Y  B  Q  H  U  C  N  R
L  Z  U  H  C  V  I  M  G  F  T  U  T  U  Q  M
O  L  N  L  F  I  R  E  R  U  T  N  E  V  D  A
```

TREES	FUN
HAMMOCK	FOREST
ANIMALS	FIRE
ADVENTURE	INSECT
COMPASS	LAKE
CABIN	MOON
HUNTING	MAP
CANOE	MOUNTAIN
HAT	NATURE
ROPE	TENT

10 - Astronomia

```
T E L E S C O P E Z W D L F O S
R U N I V E R S E P O E A D B U
C A L U B E N F A E K N T Q S P
T N D A S P V F V M V D X X E E
H N O I T A L L E T S N O C R R
S B V D A M A S R U M E D O V N
K D X U R T E K C O R O G C A O
G A L A X Y I A K I V P O I T V
Z P R E M O N O R T S A E N O A
S O M S O C E M N G Y S L N R O
Y K N W T F Q E T R H T M C Y P
Z P Y N S E O T F A T E N A L P
E Q U I N O X E M V R R B S X K
R Y R Y P L C O E I A O K D I A
J I V G L M Q R K T E I B X F J
A S T R O N A U T Y V D D X Q S
```

ASTEROID	METEOR
ASTRONAUT	NEBULA
ASTRONOMER	OBSERVATORY
SKY	PLANET
COSMOS	RADIATION
CONSTELLATION	ROCKET
EQUINOX	SUPERNOVA
GALAXY	TELESCOPE
GRAVITY	EARTH
MOON	UNIVERSE

11 - Algebra

```
S U B T R A C T I O N F V R Y O
P E W Y A V K X E A O A A P T E
Q R U S E W P F Q Q I L R W J W
A E O J N V K V U T T S I V P H
P B F B I O P X A P U E A M X F
A M F O L E I H T Y L A B A O S
R U A D R E C E I Y O K L R J X
E N C Y I M M K O D S I E G O M
N O T E B V U E N O I T C A R F
T A O Z R W I L I N F I N I T E
H L R E W B Y S A L I F O D M X
E G O R Y J V V I V P J T T B I
S R L O N Y Y E K O D W O H T B
I A S I M P L I F Y N H Y R P E
S P E X P O N E N T B C Y U W G
F H M A T R I X O W K L X E V H
```

DIAGRAM
DIVISION
EQUATION
EXPONENT
FALSE
FACTOR
FORMULA
FRACTION
GRAPH
INFINITE

LINEAR
MATRIX
NUMBER
PARENTHESIS
PROBLEM
SIMPLIFY
SOLUTION
SUBTRACTION
VARIABLE
ZERO

12 - Mitologia

```
R E T S A S I D P Z M F C S D J
M F G K T R E T S N O M R T Z E
W X V X I V C H O P E A E R T A
M A G I C A L H R F H R A E O L
E J S G C U I Z E Y U F T N O O
L A B Y R I N T H T R U I G B U
L I G H T N I N G I Y Z O T L S
A J N U M B S Q H L R P N H E Y
T J S D W H S P T A E S E I G U
R D E X G F C Q H T V R O P E M
O Q I H R M Z N U R E O A U N Q
M I T Q U B I S N O N U K A D Z
R O I V A H E B D M G S X G T K
C R E A T U R E E M E S P B F M
F N D X V A J Q R I E Z T B P Y
W A R R I O R C U L T U R E T P
```

ARCHETYPE
BEHAVIOR
CREATURE
CREATION
CULTURE
DISASTER
DEITIES
HERO
STRENGTH
LIGHTNING

JEALOUSY
WARRIOR
IMMORTALITY
LABYRINTH
LEGEND
MAGICAL
MORTAL
MONSTER
THUNDER
REVENGE

13 - Piante

```
Z B P N M U E F B J O M R G L U
N M C A C T U S O V N J S D G A
F Q X E Q R E W O L F Q Q Q H K
O Z P B U Q H P B U I C O R T I
R O O T T I I B M D U A M Q B P
C K F O R E S T A O W D G C E O
P E T A L R S V B E C H E E R T
I G A R D E N E D K Y I P D R Q
U V B O A Z G G Y V X M L V Y V
B I Y L E I B E G N D I D A O L
O D J F E L W T G X Z F A X J Q
T H F P F I J A Y T R G R A S S
A Q Y X U T B T B U S H W P B Q
N H J Z P R H I Y G A Y M O S S
Y M B J D E M O V O C B K F R W
Z C C V E F N N I K C D Q K A G
```

TREE	FERTILIZER
BERRY	FLOWER
BAMBOO	FLORA
BOTANY	FOLIAGE
CACTUS	FOREST
BUSH	GARDEN
GROW	MOSS
IVY	PETAL
GRASS	ROOT
BEAN	VEGETATION

14 - Spezie

```
C M N S P K N U L U J O Q A K P
I O F L X J B Y Z I H J Z N X A
R M R V A N I L L A C T W I Q P
E A E I G A R L I C X O X S U R
M D P Z A F E N N E L P R E Y I
R R P P F N O M A N N I C I N K
U A E G I O D H A P B B U B C A
T C P S X R G E M T U N Q I E E
C U R R Y F J C R L T Q H T O G
G W K B Z F Z F G A Q S J T N I
E G N F A A Q A F S L K S E I N
M U O S H S Z S C U M I N R O G
U M S N A W Q F W T S M S A N E
G V W B H H E O E E R I X G L R
C C M E D O U D T J E N A P M J
V M Y N L Q M F P T N T F U H N
```

GARLIC
BITTER
ANISE
CINNAMON
CARDAMOM
ONION
CORIANDER
CUMIN
TURMERIC
CURRY

SWEET
FENNEL
LICORICE
NUTMEG
PAPRIKA
PEPPER
SALT
VANILLA
SAFFRON
GINGER

15 - Numeri

```
S I X E K M M H J J Z Z Z Z D Y
X H G J R C N T F O U R T E E N
Y L C N E V E S W F F Z I X O E
T H R E E C M J N I R E E T E E
N E E T E N I N R V F R I W Q T
E L X V L S F V N E O O G E I H
W E J R U L N I Q G U W H L L G
T V U D B V U X F K R W T V D I
T H I R T E E N T Z Y X E L E
N Y Q B Y L A M I C E D L Q B P
W I E H F O F H H V N E O L C K
V P N S E V E N T E E N N V B Z
Y E O E C M Y V L Y T N O Y G I
H S I X T E E N O Q R Y D E W P
Y T B O A B G V I Z F X V H B T
K L T N C L D W A M M F P V S L
```

FIVE
DECIMAL
NINETEEN
SEVENTEEN
EIGHTEEN
TEN
TWELVE
TWO
NINE
EIGHT

FOURTEEN
FOUR
FIFTEEN
SIXTEEN
SIX
SEVEN
THREE
THIRTEEN
TWENTY
ZERO

16 - Cioccolato

```
A P V J T A V E Z C Z M E K R K
R M E Y Y E Q X D T A O I G E F
T E O A D J Y O C G N B F P C K
I F M R N S E T S A T Y L Q I Z
S I E E A U Y I D O C R P E P T
A G O T C O T C X V P A N U E U
N T Z T Z I N S E T I R O V A F
A T X I B C E C A L O R I E S Y
L R I B J I I C O C O N U T P P
E H J D A L D V R Z V G K E P K
M Q O A T E E M E A Z Q H E O K
A J M D Q D R A G U S J X W Q O
R A Y G G N G X J G G O S S Q T
A G K K O T N A D I X O I T N A
C R N B Y T I L A U Q J V V A W
P O W D E R S A R Y E V J N N K
```

BITTER
ANTIOXIDANT
PEANUTS
AROMA
ARTISANAL
CACAO
CALORIES
CANDY
CARAMEL
DELICIOUS

SWEET
EXOTIC
TASTE
INGREDIENT
COCONUT
POWDER
FAVORITE
QUALITY
RECIPE
SUGAR

17 - Guida

```
V M E S H H D A X B Z X B N D B
A X O I Q R U N C I F F A R T R
I A Z T D Q X L K C V T H R I A
V K H E O H V D W B I V F U B K
L N B Q G R E G N A D D A O R E
E I R M P H M D O M Q D E E P S
N C C M O T O R C Y C L E N S O
N Y M E H E C J P H B O G A T K
U O B C N P E T I U V E A I B G
T G U I I S C B Y Y C A R R M A
R V S L D Y E Q Y L V V A T A S
R J H O Q G X O T Z B N G S P B
G L Q P F B I R P C L M P E U W
Z O V C Z H Q L I C E U X D P K
C A U T I O N S A F E T Y E W S
A J C M T F D F C F U E L P C E
```

CAUTION
CAR
BUS
FUEL
BRAKES
GARAGE
GAS
ACCIDENT
LICENSE
MAP

MOTORCYCLE
MOTOR
PEDESTRIAN
DANGER
POLICE
SAFETY
ROAD
TRAFFIC
TUNNEL
SPEED

18 - I Media

```
E U L C P G O P U B L I C B T A
F R O U U L K P S H R Q Y H W T
G Q C W O A J U I U O S N M J T
C R A Y R T S U D N I O R W S I
R O L V B I S Y N O I T I D E T
Q A M E F G X C M I T O Q A N U
Y U D M S I I P Q T F H N V E D
B D C I E D H D E A W P B R W E
V V X J O R E Q P C J W U F S S
F A C T S T C P X U P Z U O P D
N E T W O R K I P D S H N N A B
R X G N E D C J A E Q K O L P W
P T A K Z D I F R L J L X I E O
I N T E L L E C T U A L M N R U
C O M M U N I C A T I O N E S W
F U N D I N G L I Q T C G N K X
```

ATTITUDES	NEWSPAPERS
COMMERCIAL	INDUSTRY
COMMUNICATION	INTELLECTUAL
DIGITAL	LOCAL
EDITION	ONLINE
EDUCATION	OPINION
FACTS	PUBLIC
FUNDING	RADIO
PHOTOS	NETWORK

19 - Forza e Gravità

```
M A G N E T I S M L U B D E L D
R M H T I M E Y O B K X I X P I
F R V C I M A N Y D D X S P R S
S A S A K B Z O P S A N T A E C
E F K P O B R E T N E C A N S O
A O G M N Z P O N S M L N S S V
W X Z I V S D Q F R X A C I U E
S C I N A H C E M Z J S E O R R
I C E S E I T R E P O R P N E Y
P L A N E T S W Z P X E K O D G
M O T I O N C E R E S V O I F V
F A C Y C M I I F A E I A T K Y
Y C W F X Q S G Q R H N I C Q R
I J R C R K Y H I N R U C I J S
P S W J B Z H T B I P N O R B U
F G B I D Z P X R O C C G F G Q
```

AXIS
FRICTION
CENTER
DYNAMIC
DISTANCE
EXPANSION
PHYSICS
IMPACT
MAGNETISM
MECHANICS

MOTION
ORBIT
WEIGHT
PLANETS
PRESSURE
PROPERTIES
DISCOVERY
TIME
UNIVERSAL
SPEED

20 - Sport

```
D Z F I C N Y E N D U R A N C E
A O X K Y I T G O A L B B C T Q
N Q Z S C I O Q X E D X O O C Q
C W S E L C S U M R G D B N D K
I I J A I L W Q T K U X L H E Y
N O L N N F I A T H L E T E U S
G Y A O G X M J O G G I N G C G
N C L I B Q N S Q Z V H U C M L
K Q N T L A Y A I C Z T J O A X
G Y D I X H T L A E H G H A X Z
Q V U R Q S I E W A B N Q C I A
E G R T A L L V M D I E T H M A
B Z W U D K I P R O G R A M I U
I F M N C Z B Z H V T T V T Z J
S P O R T S A I Q Q E S X Q E S
N J O V W J I U Y N P Q S G Q M
```

COACH	METABOLIC
ATHLETE	MUSCLES
ABILITY	TO SWIM
CYCLING	NUTRITION
BODY	GOAL
DANCING	BONES
DIET	PROGRAM
STRENGTH	ENDURANCE
JOGGING	HEALTH
MAXIMIZE	SPORTS

21 - Caffè

```
M E K V K Z S L A P H L G M L B
K I N S R E T T I B Y Q R O S L
L U L E O C H S A Q N C I R N A
Y D Z K V I I R T D U Y N N V C
Y N C C A R C U L H Y I D I V K
F E U E L P S M Q J R X D N T V
H L P C F F I L T E R O E G N W
C A F F E I N E L D X C T E V A
C S U G A R W A T E R X S J Y E
R R A D J U T V M B K B A R E C
E B E V E R A G E O A F O T V Z
A O R I G I N R I R R H R Z A O
M A C I D I C Q Y V T A E V P Y
Q J X P F Z E X Z R V S M S C T
K T P W I Z T E D W Q W J W L Y
V A R I E T Y Y M T A I D J J E
```

ACIDIC	MILK
WATER	LIQUID
BITTER	GRIND
AROMA	MORNING
ROASTED	BLACK
BEVERAGE	ORIGIN
CAFFEINE	PRICE
CREAM	CUP
FILTER	VARIETY
FLAVOR	SUGAR

22 - Uccelli

```
I D Q T S P M A D R P F P O R Q
R A M B T E E T Y K T N E S P K
G E Q D O Y L L A D N D A T S W
B X Y M R L G E I K O I C R P Q
A S I S K Z A U F C X Y O I A B
Q F A G U G E R A D A M C C R E
C H I C K E N P I I W N K H R E
V Y Z G U L L L A I C A F K O C
W M F M D S O A G J K C G Z W H
P U J E T O R R A P K U D U C K
N I M G U L V C U C K O O E G H
J Y G G W R S E M E O T D N O E
S O X E D N C E S Z P V C S O R
Y G F P O G N I M A L F R W S O
K P F D Q N I U G N E P A A E N
B W B W G A G Z L S Z C U N C B
```

HERON
DUCK
EAGLE
STORK
SWAN
DOVE
CUCKOO
FLAMINGO
GULL
GOOSE

PARROT
SPARROW
PEACOCK
PELICAN
PIGEON
PENGUIN
CHICKEN
OSTRICH
TOUCAN
EGG

23 - Giorni e Mesi

```
A M O N T H L A U G U S T K J S
P S X R O A C C A C C H F A A
R D V Z V K J S U N D A Y O N T
I C T T O S E P T E M B E R U U
L R E B M E C E D T N U D G A R
E C Z A T X Y F W U T U C L R D
J U L Y A D N O M E T N J B Y A
S Q S Y V U K Y Z S G Y L K A Y
N R O C T O B E R D R Z Y S D C
N O V E M B E R N A G I J E I A
C Z D L J T Y M K Y U Y E A R L
N J J K E V R U O R F R G P F E
Z R T D L U E W J J T W B E G N
A N K P E U J Q N R D Q V E B D
P L R I G M J M A T Z P G G F A
N A D W E D N E S D A Y X A I R
```

AUGUST
YEAR
APRIL
CALENDAR
DECEMBER
SUNDAY
FEBRUARY
JANUARY
JUNE
JULY

MONDAY
TUESDAY
WEDNESDAY
MONTH
NOVEMBER
OCTOBER
SATURDAY
SEPTEMBER
WEEK
FRIDAY

24 - Casa

```
U C I T X R O B F E P N R S L M
L I B R A R Y R M L W D O H Z R
L S Q G R D D O L U O D O O E T
A C E W M E R O C W E O F W W G
W Y X H Y P P M A L S F R E G O
Q K I T C H E N L H Y L O R T R
B M W E G W E U H X P H R X N M
H Q R C I H N J T W I A R E R R
O Z Y U W S K I F I A R I S B O
L P L A G F J Q J N G B M E G O
R Y X F N D Q L H D E C N E F M
J X H K I F O L R O O D Z S I X
U N G N L V W O R W I T R S A G
Q R K T I K V F T L C R V A L Z
Q C L E E F I R E P L A C E G P
H J L M C I T T A J G A R A G E
```

ATTIC	WALL
LIBRARY	FLOOR
ROOM	DOOR
FIREPLACE	FENCE
KITCHEN	FAUCET
SHOWER	BROOM
WINDOW	CEILING
GARAGE	MIRROR
GARDEN	RUG
LAMP	ROOF

25 - Ristorante #1

```
U  E  K  W  L  K  D  F  L  T  W  Q  M  J  A  E
I  S  V  M  S  U  P  O  K  O  I  C  E  Q  L  R
S  P  I  C  Y  T  H  O  J  E  E  I  A  V  L  A
V  Y  X  C  E  A  J  D  A  E  R  B  T  J  E  J
G  C  U  K  N  E  K  C  I  H  C  T  F  G  R  K
U  K  Q  V  L  O  A  B  B  D  W  O  Z  C  G  M
D  N  E  H  C  T  I  K  B  O  W  L  S  S  Y  D
I  I  E  T  A  L  P  T  R  E  S  S  E  D  J  T
H  F  V  M  Y  G  S  U  A  C  P  Q  Q  L  W  M
L  E  E  F  F  O  C  S  X  V  A  B  T  W  V  U
N  X  F  V  R  R  V  K  S  C  R  S  J  B  I  T
I  N  G  R  E  D  I  E  N  T  S  E  H  K  F  D
K  Y  I  E  C  B  X  C  H  N  S  L  S  I  Q  T
P  O  R  J  U  U  N  O  H  E  A  L  Y  E  E  M
A  Y  T  P  A  Q  I  P  C  J  X  Q  F  O  R  R
N  H  X  S  S  S  E  R  T  I  A  W  S  Z  I  H
```

ALLERGY	INGREDIENTS
COFFEE	TO EAT
WAITRESS	MENU
MEAT	BREAD
CASHIER	PLATE
FOOD	SPICY
BOWL	CHICKEN
KNIFE	RESERVATION
KITCHEN	SAUCE
DESSERT	NAPKIN

26 - Fantascienza

```
M P O E M X N V V A Z S G R M Q
W R C X P M P B B U D H H E Y L
D L U P L A N E T W C I P A S Z
Z T A K L K C E T A G Y W L T Q
E X T R E M E A X N R G O I E F
X L I B Y Y S L T P H H R S R O
A T M B R A S C Q O L N L T I F
O Z A I P O T S Y D M O D I O I
R Y G O L O N H C E T I S C U R
O C I T S A T N A F G S C I S E
B I N C K G C Q W U B U L W O W
O M A W O A I P O T U L R S W N
T A R I O L N D Z I E L C A R O
S M Y I B A L Q O Q N I O P X Z
X I T O Z X G C I N E M A X Y I
Y Q C Y N Y F U T U R I S T I C
```

ATOMIC

CINEMA

DYSTOPIA

EXPLOSION

EXTREME

FANTASTIC

FIRE

FUTURISTIC

GALAXY

ILLUSION

IMAGINARY

BOOKS

MYSTERIOUS

WORLD

ORACLE

PLANET

REALISTIC

ROBOTS

TECHNOLOGY

UTOPIA

27 - Fattoria #1

```
S  N  F  D  D  V  M  E  R  B  F  N  J  M  Y  T
E  E  B  E  W  R  N  T  J  X  P  R  A  J  R  N
E  K  C  W  N  R  R  N  F  O  I  K  Y  C  X  B
D  C  I  P  P  C  R  I  C  E  G  D  P  D  B  M
S  I  Y  L  Y  R  E  Z  I  L  I  T  R  E  F  X
K  H  E  S  J  I  B  E  S  S  G  D  X  I  L  I
J  C  N  E  C  V  W  F  B  A  R  T  Q  S  V  T
W  G  O  A  T  H  A  Y  I  Y  T  U  G  O  H  T
F  O  H  L  U  O  C  M  E  E  R  B  V  W  M  J
L  D  S  Y  F  C  O  W  D  M  L  K  Y  F  I  Y
A  G  R  I  C  U  L  T  U  R  E  D  Y  Z  E  Z
C  N  E  V  K  U  D  O  N  K  E  Y  B  U  E  R
A  X  T  Q  B  Q  J  O  H  R  W  H  O  R  S  E
T  L  A  Y  S  S  K  Q  I  W  Q  L  F  Z  T  W
W  E  W  S  R  T  D  T  G  E  G  W  V  G  G  D
K  T  J  R  M  E  G  H  P  E  U  I  J  S  Y  T
```

WATER	CAT
AGRICULTURE	FLOCK
BEE	PIG
DONKEY	HONEY
FIELD	COW
DOG	CHICKEN
GOAT	FENCE
HORSE	RICE
FERTILIZER	SEEDS
HAY	CALF

28 - Psicologia

```
N I P H N Z L T Q B I A Y A E M
N Z E E I K V C P E E M C R X O
Q C R M W G Q I C H H E C Q A Y
W H C O B A B L L A C I N I L C
U I E T Z O S F M V P D K I W U
T L P I F F C N O I T A S N E S
I D T O O C L O E O I D E A S N
E H I N L S H C D R J H D N N P
G O O S E X P E R I E N C E S R
O O N T T H E R A P Y C D Y O
I D P H C O G N I T I O N O U B
Z G C G U N C O N S C I O U S L
Y S S U O I C S N O C B U S A E
K N S O P E R S O N A L I T Y M
N P H H A P P O I N T M E N T T
P H Y T I L A E R Z V Y D T M P
```

APPOINTMENT
CLINICAL
COGNITION
BEHAVIOR
CONFLICT
EGO
EMOTIONS
EXPERIENCES
IDEAS
UNCONSCIOUS

CHILDHOOD
THOUGHTS
PERCEPTION
PERSONALITY
PROBLEM
REALITY
SENSATION
SUBCONSCIOUS
THERAPY

29 - Paesaggi

```
K C D W R J I X Z N F B W Z K C
I C E B E R G N C T D N A L S I
H I L L I E L I E F M K T P R B
N V I H C V O A B W R P E C W O
B O D U A I C T K H Z R R A H P
P L M Z L R E N J E G Y F V Q E
Y C A Q G I A U S G E G A E H N
M A T R B P N O B A E V L W U I
W N A F S W A M P V Y Y L Y K N
J O Z J H V B R P T R E S E D S
E T L B Z W T E H P L L I E E U
G V F Y P M Q R A O D L S K R L
T U N D R A O V S C M A A Y H A
S O G J Q I N O E T H V O U W F
J G E L K D Q F A D G T L Q M J
J P B P X N E A D O L O S I M O
```

WATERFALL
HILL
DESERT
RIVER
GEYSER
GLACIER
CAVE
ICEBERG
ISLAND
LAKE

SEA
MOUNTAIN
OASIS
OCEAN
SWAMP
PENINSULA
BEACH
TUNDRA
VALLEY
VOLCANO

30 - Energia

```
K E M N E G O R D Y H T P N O Q
Z L O U L F O T N R O U H C G G
C E T C B N U M I T D R O M E I
U C O L A N X D W S J B T T L D
W T R E W N H X Q U U I O R E S
B R L A E O I H W D P N N J C M
Q O C R N A H C O N X E O Z T L
C N A T E P K U U I B M I C R W
P G R M R D I E S E L B T T I D
Y J B S Y N Y Y U L I A U A C G
F J O F Z X P Y F Q W T L B E D
G U N N W L O X J P G T L J J H
T N E M N O R I V N E E O Y J M
T L S L U R T N Z Y Z R P K Q U
S T E A M E N C E U O Y V D Y D
B Z R Q Q N E N I L O S A G U S
```

ENVIRONMENT
BATTERY
GASOLINE
HEAT
CARBON
FUEL
DIESEL
ELECTRIC
ELECTRON
ENTROPY

PHOTON
HYDROGEN
INDUSTRY
POLLUTION
MOTOR
NUCLEAR
RENEWABLE
TURBINE
STEAM
WIND

31 - Ristorante #2

```
S  L  H  C  U  Z  G  Z  B  V  W  E  G  G  S  F
Z  P  R  E  T  I  A  W  E  K  P  C  F  A  O  I
K  W  I  W  Y  U  X  K  V  T  Z  I  P  N  T  S
D  F  A  C  R  O  L  R  E  N  N  I  D  N  Y  H
J  S  H  R  E  T  A  W  R  L  U  N  C  H  Y  Y
X  A  C  C  Z  S  C  E  A  H  I  L  D  S  L  B
K  L  D  M  I  O  X  M  G  F  R  U  I  T  S  I
N  T  S  J  T  N  T  B  E  Y  I  C  Z  V  M  Z
O  I  O  D  E  L  I  C  I  O  U  S  F  X  D  W
O  M  U  M  P  K  E  L  A  P  P  C  S  T  Q  J
P  O  P  A  P  H  W  O  H  N  J  I  A  E  H  U
S  E  L  B  A  T  E  G  E  V  G  C  D  K  R  L
O  A  Y  W  A  F  G  J  I  C  U  J  W  R  E  V
Q  O  L  T  C  H  D  H  E  E  Z  E  D  O  D  X
H  X  G  A  R  L  G  S  O  Q  A  J  K  F  G  U
D  Q  Z  G  D  O  N  O  D  G  C  Y  J  T  S  E
```

WATER	SALAD
APPETIZER	SOUP
BEVERAGE	FISH
WAITER	LUNCH
DINNER	SALT
SPOON	CHAIR
DELICIOUS	SPICES
FORK	CAKE
FRUIT	EGGS
ICE	VEGETABLES

32 - Moda

```
S T Y L E X B J B M B M M E R N
M F L V A I C U U N O O O M M B
B O A A G Q Y C T T U D E B I P
T A D B C G F Z T L T E R R N A
M A Q E R I I G O A I S U O I T
S J H D R I T Z N C Q T T I M T
G A Y E Z N C C S E U D X D A E
Y S Z O Q A T N A G E L E E L R
E X P E N S I V E R L T T R I N
C L O T H I N G P Q P P Z Y S F
O R I G I N A L I I M O N W T D
G N U H T R E N D D I J U V Y C
D G N D E T A C I T S I H P O S
L S P W F C O M F O R T A B L E
X P E M D C T Q T C M Y H E B H
X N W D M J S B X R J K O X N X
```

CLOTHING
BOUTIQUE
EXPENSIVE
COMFORTABLE
ELEGANT
MINIMALIST
PATTERN
MODERN
MODEST
ORIGINAL

LACE
PRACTICAL
BUTTONS
EMBROIDERY
SIMPLE
SOPHISTICATED
STYLE
TREND
FABRIC
TEXTURE

33 - L'Azienda

```
P W J Q Z H F F S P I Y R P W I
C O A M P Y J S L R N Q E R D N
W S S G G Z F L K O N P P E E V
C T E S E H U V W G O P U S C E
N Q C V I S M H G R V R T E I S
X B R U C B O E A E A O A N S T
S B U E A B I V Z S T F T T I M
A U O V E T N L D S I E I A O E
M I S I U C G X I O V S O T N N
N K E T N U P B T E S N I T T
L R R A E D V F K S Y I G O R W
L V N E V O U S U K D O L N E R
Y I O R E R R S Q S D N E A N C
O L C C R P Z Y T I L A U Q D K
G L O B A L D K H R G L Q P S B
U N I T S N T N E M Y O L P M E
```

CREATIVE
DECISION
GLOBAL
INDUSTRY
INNOVATIVE
INVESTMENT
EMPLOYMENT
POSSIBILITY
PRESENTATION
PRODUCT

PROFESSIONAL
PROGRESS
QUALITY
REVENUE
REPUTATION
RISKS
RESOURCES
WAGES
TRENDS
UNITS

34 - Giardino

```
H B T L Q U S S Y C G G S G B S
W L P E N I L O P M A R T A E O
B A A K R G X X T L Y Q F R N I
B W E A T R R R M P O N D A C L
U N N R Z U A A E B W E O G H E
O R C H A R D C S V Z D P E M V
V I N E X D M W E S S R H C Y O
A W V V B P E A W K B A U N G H
B H D P F X D C D F E G S E P S
Q V A U H T Q Q C W R F O F F D
H I A M B A V X T R E E H O S E
B R O Y M F L O W E R Q E U S E
U P X H C O U Y R S Q I C X G W
S S M P E Z C G J H N I N F T V
H X F C Z V N K M S V R W Q D D
N S H Z Y B S G G L Z X W G O T
```

TREE	BENCH
HAMMOCK	LAWN
BUSH	RAKE
GRASS	FENCE
WEEDS	POND
FLOWER	SOIL
ORCHARD	TERRACE
GARAGE	TRAMPOLINE
GARDEN	HOSE
SHOVEL	VINE

35 - Riscaldamento Globale

```
G G C I T C R A C S W I B X U R
C E W R X L M U L C R I O A Y S
U E N E I M K S I I M F O J N E
C N O E Y S E M M E T B X U Z R
X V I G R D I X A N Q Q M I Y U
P I T O T A A S T T R S O N V T
O R N K S O T T E I Z V N O X A
P O E P U Y Y I A S U M J U J R
U N T E D K C S O T F U T U R E
L M T S N M G W O N W G Z B E P
A E A J I B W N D U S A W J N M
T N E M P O L E V E D S X P E E
I T L E G I S L A T I O N Y R T
O A G O V E R N M E N T L N G E
N L A N O I T A N R E T N I Y D
S T A T I B A H L Q R O E T P K
```

ENVIRONMENTAL
ARCTIC
ATTENTION
CLIMATE
CRISIS
DATA
ENERGY
FUTURE
GAS
GENERATIONS

GOVERNMENT
HABITATS
INDUSTRY
INTERNATIONAL
LEGISLATION
NOW
POPULATIONS
SCIENTIST
DEVELOPMENT
TEMPERATURES

36 - Frutta

```
X T X X E G P T E C X T M B T B
S E V N U R K U L B B E R R Y P
A E V A Y A P A P T O C I R P A
E Y N G P E N O P A U H C A E P
M E L O N P U C A W N E Z N G J
B P E C M L L Y E M E R K A Y W
Y A H H F O Q E N X J R H N X Q
O R A N G E F A I U N Y O A N L
D G R E B I X S P Y P R K B K V
A K S E N L E M R M L I R D T T
C M I G B O J U E Y A Y O I Z I
O A A W C P B L A C K B E R R Y
V N C T I N S P L R E G O S G R
A G G D Z I R A Z L D V W D Y T
N O M E L L I E R J S N T C L U
N E C T A R I N E U S W U A P H
```

APRICOT
PINEAPPLE
ORANGE
AVOCADO
BERRY
BANANA
CHERRY
KIWI
RASPBERRY
LEMON

MANGO
APPLE
MELON
BLACKBERRY
NECTARINE
PAPAYA
PEAR
PEACH
PLUM
GRAPE

37 - Fattoria #2

```
I R R I G A T I O N F O F O O D
C O T S Z B Z Y T I U R F Q O R
P T J O M E C R F V K C U D G D
O C G Y P B M I L K I H R Z Z W
R A M E V I H E E B G A H R U H
X R U L E K G W N D N R S F N E
B T S R L S Z M N A E D O V O F
E J G A E E E N R I E F S D S
S L L B B P I A Y O W Y P Q F M
L H F A D E F D A V E Y E T G L
A K E P M N R O C L L A M A J I
M X Y E S B E W W H E A T W M R
I M S L P W M D X S T Y R H N S
N U E Y A E R I C I A D S H U B
A B A R N D A S H E P H E R D Q
B P W J P E F F L O A G B F Q Y
```

LAMB   IRRIGATION
FARMER   LLAMA
BEEHIVE   MILK
DUCK   CORN
ANIMALS   GEESE
FOOD   BARLEY
BARN   SHEPHERD
FRUIT   SHEEP
ORCHARD   MEADOW
WHEAT   TRACTOR

38 - Musica

```
O V M S H O M R C U K S G N I S
K K U N M Z I E L T Q O L Y N U
O U X D U T C C A A I H G T S E
V N G X N V R O S M L F K O T G
R H Y T H M O R S B D B Q F R X
F T K H R W P D I H S J U W U V
A M C P J U H I C M A P F M M O
P E I H E L O N A R J R E K E C
O L N U O I N G L M R G M P N A
E O O E D R E P A U H D B O T L
T D M Q F R U F C S Y N A N N O
I Y R G Z U I S I I T O L X D Y
C N A E P Q H G S C H P L F R S
U F H N L N I S U I M E A Y U M
T L Y R I C A L M A I R D I R Q
W S I N G E R E O N C A O P G K
```

ALBUM
HARMONY
HARMONIC
BALLAD
SINGER
SING
CLASSICAL
CHORUS
LYRICAL
MELODY

MICROPHONE
MUSICAL
MUSICIAN
OPERA
POETIC
RECORDING
RHYTHMIC
RHYTHM
INSTRUMENT
VOCAL

39 - Barbecue

```
N S E S D A L A S L E K N I G R
O A E K U B N E N J Y E D Y I V
I U Y L I M A F P K J N I D W C
T C T F F N M V O V M H N O L G
A E H R E P E P O Z S N T O G G
T O M A T O E S R L D H E H N G
I N K H A I R E G N U H R X I U
V O X P K M F M G M Z N I T O C
N T M U S I C A R Z N H C N N H
I D W E E X P G I C Y S W H S I
B V O K V W X F L G Q W X E B C
S A L T I U R F L V H F I J E K
J B W T N F A V Q Z D Z X V C E
F I W H K P I R P M U A M I K N
G O S O H Y C L T D T K L L O P
U W J T T W H K G Q O J Q Y K L
```

HOT	GRILL
DINNER	SALADS
FOOD	INVITATION
ONIONS	MUSIC
KNIVES	PEPPER
SUMMER	CHICKEN
HUNGER	TOMATOES
FAMILY	LUNCH
FRUIT	SALT
GAMES	SAUCE

40 - Insetti

```
Q U Q Q T V Y U Q E J M T U L P
A X R H K C L H M S D B E T A X
I E L S A H F O D O I A R R D D
A G H P Y O N N X K K M M C Y M
G R A S S H O P P E R O I I B N
L I P A C I G A E L F T T C U I
B O P W B F A M F T N H E A G M
F U C X F Z R H D E Z C M D Q A
A L T U E V D V I E S A O A U N
N U B T S G D F B B U O S V Y T
T Q E E E T E N R O H R Q R L I
W O R M E R A P H I D K U A G S
Z N N A C N F Q G F C C I L D B
D W Y G I K G L Z A Q O T K H P
R W M P T D V X Y S F C O N K L
H I H V G X O L A W V T C N X Y
```

APHID	LARVA
BEE	DRAGONFLY
HORNET	LOCUST
GRASSHOPPER	MANTIS
CICADA	FLEA
LADYBUG	COCKROACH
BEETLE	TERMITE
MOTH	WORM
BUTTERFLY	WASP
ANT	MOSQUITO

41 - Fisica

```
N S E E I C O O E T V A M S A G
X U E X P A N S I O N U O R C Y
I G C P U U A T O M A K L E C C
O V Z L A S R E V I N U E L E Y
M X G D E L C I T R A P C A L X
W Y T I V A R G F Y L V U T E A
V D V B N P R O S L U E L I R F
B E M S I T E N G A M L E V A S
C N U O P Z V V I V R O A I T C
H S E L E C T R O N O C L T I I
E I O E Z T S H G M F I X Y O N
M T P A O O U K K N U T Y L N A
I Y B Q H O W L G O T Y J P U H
C Z L B Y C N E U Q E R F V E C
A J H L Q D O X V F E N G I N E
L M A A F C Y W S W G O C I X M
```

ACCELERATION
ATOM
CHAOS
CHEMICAL
DENSITY
ELECTRON
EXPANSION
FORMULA
FREQUENCY
GAS

GRAVITY
MAGNETISM
MECHANICS
MOLECULE
ENGINE
NUCLEAR
PARTICLE
RELATIVITY
UNIVERSAL
VELOCITY

42 - Agronomia

```
D X M R S X S Y E E C A E C T J
E I G R O W T H N V F W A T E R
K R S S E D S V F O O D M R W
S P O E I Z Y C I N A G R O E U
B Y X S A C B N R E H D Z N S X
M D S R I S N Z O I R U G R E A
F U Z T B O E H N V P Y J A A P
T T M O E S N S M R J E S X R R
I S C L S M U Y E R D Q D P C O
E N E R G Y S G N R U R A L H D
S C I E N C E L T K T L H Y P U
E L H K L P O L L U T I O N V C
E C O L O G Y Z B Z Y O H L Z T
F E R T I L I Z E R B S H S T I
W D Y R V D E V F T N Z I U N O
A G R I C U L T U R E P L J Q N
```

WATER
AGRICULTURE
ENVIRONMENT
FOOD
GROWTH
ECOLOGY
ENERGY
EROSION
FERTILIZER
POLLUTION

DISEASES
ORGANIC
PRODUCTION
RESEARCH
RURAL
SCIENCE
SEEDS
SYSTEMS
STUDY
SOIL

43 - Erboristeria

```
O T S Y P E Z O Q Y I Z A O P V
P R B M V Q O X U F R G U V X B
A E E L B P H M A R O J R A M B
R W M G T S W R L I S A B G I P
S O Y C A R N H I D I L L B L X
L L H S T N U L T N I M D E T B
E F T O N X O A Y R A M E S O R
Y U C H E M T V Q R N F F C X O
G A R L I C A E U U A T W E R N
S F W N D I R N C T L N E E R G
N E B S E T R D G T V O I T P A
F N N P R A A E T A Q T O L N T
C N I E G M G R G F R J J M U Z
W E Q C N O O R X Q Y D O F I C
Y L E R I R N C G H E U E C F I
N O R F F A S B B K O A R N S J
```

GARLIC
DILL
AROMATIC
BASIL
CULINARY
TARRAGON
FENNEL
FLOWER
GARDEN
INGREDIENT

LAVENDER
MARJORAM
MINT
OREGANO
PARSLEY
QUALITY
ROSEMARY
THYME
GREEN
SAFFRON

44 - Danza

```
J O Y F U L A C I S S A L C P C
M G M O V E M E N T O O N R O H
H X S Y T S E Q L U D T D D S O
R H Y T H M J U M P C B T G T R
H H N D E G C A L J D W M X U E
K S L G Y X U M C T I Q A N R O
W V A U I H L U K A B O D Y E G
K D S R O Y T S I P D L D M C R
O N R E T F U I E L P E B S A A
H K A N M K R C U C R Q M Z R P
K G E T T O E V I S U A L Y G H
Z F H R U U T F J X A F B L H Y
Z U E A W E V I S S E R P X E Y
U Y R P U L A N O I T I D A R T
C U L T U R A L D N W D Y E H K
X B X I N H R A F W T D A E H P
```

ACADEMY
ART
CLASSICAL
PARTNER
CHOREOGRAPHY
BODY
CULTURE
CULTURAL
EMOTION
EXPRESSIVE

JOYFUL
GRACE
MOVEMENT
MUSIC
POSTURE
REHEARSAL
RHYTHM
JUMP
TRADITIONAL
VISUAL

45 - Biologia

```
M R A M A K B U U M S T C Y I S
M A M M A L A T T P Y D N N X Y
M Y M B P P C E R T N C A H F M
Q P C C N T T O K L A N G U D B
I K C E U M E Q C N P E O C O I
B N U L Z L R N L F S G G T T O
N V N L T D I R E B E A L T R S
N I O R M Z A Z S U E L C U N I
E A I S I S O M S O R L I N P S
N E T K C N K A U X P O N E R F
Z N U U N F P L H T E C N R O E
Y O L M R J N L F V A Z B V T M
M M O N V A Q O E E A T X E E B
E R V X Q E L I T P E R I V I R
Z O E R A N A T O M Y C R O N Y
C H R O M O S O M E T F U C N O
```

ANATOMY

BACTERIA

CELL

COLLAGEN

CHROMOSOME

EMBRYO

ENZYME

EVOLUTION

MAMMAL

MUTATION

NATURAL

NERVE

NEURON

NUCLEUS

HORMONE

OSMOSIS

PROTEIN

REPTILE

SYMBIOSIS

SYNAPSE

46 - Attività Commerciale

```
O I K B M I T Q K B X A S W I R
K T T Y N O I T C A S N A R T J
C E Q R S Q N H F P E P O F H P
M S I P S G F E M O C N I Y B J
D I S C O U N T Y C N E R R U C
Z D D E Z F K M J W A K E O C W
S N B T C N U C R R N S Y T O M
H A E E Y O L P M E I S C C M H
O H E G M H N I P S F A A A P Y
P C O D H P M O C A T L I F A B
G R G U I F L H M I E E Q P N O
F E J B G B C O S I M V O P Y O
X M P R O F I T Y F C S Z K S S
C C O S T Z N N A E Q S M F C W
I N V E S T M E N T R E E R A C
O F F I C E N M A Q M G G E Z J
```

BUDGET
CAREER
COST
EMPLOYER
EMPLOYEE
ECONOMICS
FACTORY
FINANCE
INVESTMENT
MERCHANDISE

SHOP
PROFIT
INCOME
DISCOUNT
COMPANY
MONEY
TRANSACTION
OFFICE
CURRENCY
SALE

47 - Fiori

```
O  C  J  U  J  R  K  M  E  L  M  Y  L  F  Z  K
H  I  B  I  S  C  U  S  A  B  J  Z  V  Z  X  P
G  Y  P  P  O  P  O  Q  I  G  O  A  P  K  C  A
K  Q  V  E  O  C  X  W  T  Y  N  O  E  P  O  S
O  B  T  S  T  R  E  V  O  L  C  O  R  F  C  S
U  C  M  O  M  A  C  A  L  I  L  Y  L  Q  W  I
T  W  N  R  R  L  L  H  M  L  O  E  P  I  W  O
R  H  B  P  O  A  B  X  I  T  U  L  I  P  A  N
P  G  O  L  X  V  W  U  P  D  H  X  M  Y  H  F
W  R  U  Z  R  E  W  O  L  F  N  U  S  G  J  L
Y  I  Q  N  L  N  E  A  U  C  B  J  F  C  A  O
G  C  U  R  X  D  N  M  M  R  S  M  E  I  S  W
Q  A  E  A  G  E  T  W  E  D  A  I  S  Y  M  E
P  U  T  C  J  R  D  T  R  D  X  B  F  R  I  R
G  A  R  D  E  N  I  A  I  G  K  L  K  U  N  P
D  A  F  F  O  D  I  L  A  T  G  Y  A  J  E  B
```

GARDENIA	DAFFODIL
JASMINE	ORCHID
LILY	POPPY
SUNFLOWER	PASSIONFLOWER
HIBISCUS	PEONY
LAVENDER	PETAL
LILAC	PLUMERIA
MAGNOLIA	ROSE
DAISY	CLOVER
BOUQUET	TULIP

48 - Filantropia

```
L A X Y T T E E F T N V S U Q F
W R R T R F M Y U A X N R T C I
M I S S I O N T N Z S H C T B N
C F E E B B T I D Q T W G V I A
H H V N C J J S S T K B Q A A N
I H F O S U C O I V S L E S H C
L C A H S J I R P H T U O Y V E
D Z O F I C Q E C H A R I T Y U
R H F M W T S N I N E P W P L S
E B Z S M Q L E L E D L P G X O
N P Q A V U Z G B E A F P R V V
G L O B A L N I U D O U H O Q Z
G E L L A F I I P D Y V O U E A
C O N T A C T S T Z F L C P O P
P H U M A N I T Y Y R C Q S H E
G O A L S Z P R O G R A M S T G
```

CHILDREN
NEED
CHARITY
COMMUNITY
CONTACTS
FINANCE
FUNDS
GENEROSITY
YOUTH
GLOBAL

GROUPS
MISSION
GOALS
HONESTY
PEOPLE
PROGRAMS
PUBLIC
HISTORY
HUMANITY

49 - Ecologia

```
S V V O H J M R S T N A L P E O
U E T C C E D D E U F L O R A S
S G W H S L I F H S R A M K S W
T E R H Q X V A N C O V X H L P
A T Y T M J E L B P L U I Z O M
I A L I L A R U T A N E R V S T
N T I O Z O S E I C E P S C A A
A I S E I T I N U M M O C H E L
B O M M L W T H G U O R D Y M S
L N X Q H N Y C L I M A T E H V
E W F A U N A G Y C Z C U Z A A
B R M A R I N E L A L V N K B R
N A T U R E D N F O O A Y W I I
V O L U N T E E R S B I P D T E
V J P N F A H A L O N A H U A T
L R L B F A J K Q O Z B L Z T Y
```

CLIMATE	MARSH
COMMUNITIES	PLANTS
DIVERSITY	RESOURCES
FAUNA	DROUGHT
FLORA	SURVIVAL
GLOBAL	SUSTAINABLE
HABITAT	SPECIES
MARINE	VARIETY
NATURE	VEGETATION
NATURAL	VOLUNTEERS

50 - Discipline Scientifiche

```
I  Y  B  I  O  L  O  G  Y  C  T  B  N  M  P  Z
G  M  L  I  N  G  U  I  S  T  I  C  S  I  B  E
E  O  M  M  A  Y  G  O  L  O  R  U  E  N  I  P
O  N  X  U  E  N  I  F  V  V  B  K  C  E  O  G
L  O  Y  T  N  T  A  Z  Z  C  H  T  O  R  C  C
O  R  G  T  E  O  E  T  V  A  K  W  L  A  H  H
G  T  O  Y  G  O  L  O  O  Z  V  Y  O  L  E  E
Y  S  L  M  V  M  T  O  R  M  Y  G  G  O  M  M
R  A  O  U  Y  W  Q  Y  G  O  Y  O  Y  G  I  I
T  L  I  B  O  T  A  N  Y  Y  L  L  R  Y  S  S
M  E  C  H  A  N  I  C  S  U  N  O  T  W  T  T
W  N  O  I  T  I  R  T  U  N  C  H  G  X  R  R
M  H  S  V  D  K  Z  J  O  H  M  C  X  Y  Y  Y
A  R  C  H  A  E  O  L  O  G  Y  Y  B  Z  Z  N
O  L  S  E  M  Y  G  O  L  O  I  S  Y  H  P  R
Y  A  N  Z  K  I  G  X  L  B  G  P  M  O  J  Q
```

ANATOMY

ARCHAEOLOGY

ASTRONOMY

BIOCHEMISTRY

BIOLOGY

BOTANY

CHEMISTRY

ECOLOGY

PHYSIOLOGY

GEOLOGY

IMMUNOLOGY

LINGUISTICS

MECHANICS

METEOROLOGY

MINERALOGY

NEUROLOGY

NUTRITION

PSYCHOLOGY

SOCIOLOGY

ZOOLOGY

51 - Scienza

```
N B N P N Q R S E L U C E L O M
H A J J O Z E D B E A A X L K O
C D Q B U G M A U V V T P A J B
N L A C I M E H C G K O E B T S
O S I S E H T O P Y H M R O B E
I R G M G E H R P L F V I R Y R
T F G U A J O M A R O G M A P V
U Z A A V T D Q Y C S N E T H A
L Y T L N J E P D T S B N O Y T
O S E L C I T R A P I L T R S I
V U G X D J S K T N L V C Y I O
E G M R Y D V M A A I O A T C N
M I N E R A L S D T U Q F R S J
S C I E N T I S T U V B H Z G H
G E D E I V O A V R G E Z S K Z
E D J L Z S C X S E T J G E D Z
```

ATOM
CHEMICAL
CLIMATE
DATA
EXPERIMENT
EVOLUTION
FACT
PHYSICS
FOSSIL
GRAVITY

HYPOTHESIS
LABORATORY
METHOD
MINERALS
MOLECULES
NATURE
ORGANISM
OBSERVATION
PARTICLES
SCIENTIST

52 - Imbarcazioni

```
V  C  T  N  H  U  F  K  F  P  Y  V  I  E  M  V
O  C  E  A  N  D  O  B  K  X  Y  Y  C  N  R  J
Y  L  Q  S  O  T  Q  A  W  O  T  N  G  G  R  T
Z  C  F  F  I  U  H  T  P  T  R  R  A  I  I  Y
F  L  A  C  I  T  U  A  N  E  S  H  H  N  V  C
A  I  E  N  N  T  Y  O  U  K  O  M  S  E  E  X
V  T  S  Y  O  L  B  B  S  A  I  L  O  R  R  P
U  Y  U  V  C  E  Y  L  S  L  L  O  S  H  C  V
M  P  C  R  W  P  T  I  C  A  A  N  Z  M  M  G
C  C  Y  Q  J  O  P  A  F  W  U  Z  U  Z  E  A
M  Q  R  S  O  R  B  S  B  A  W  T  I  D  E  Q
V  Z  R  E  Y  K  A  Y  A  K  C  S  H  X  A  Q
M  H  E  V  W  J  R  O  H  C  N  A  Q  C  R  D
Z  T  F  A  R  E  Y  U  B  D  E  M  K  Q  A  D
U  S  A  W  W  F  L  B  Q  U  T  Q  F  D  H  Y
T  Y  V  E  V  Z  I  O  U  E  Z  T  D  W  V  A
```

MAST	SEA
ANCHOR	TIDE
SAILBOAT	SAILOR
BUOY	ENGINE
CANOE	NAUTICAL
ROPE	OCEAN
CREW	WAVES
RIVER	FERRY
KAYAK	YACHT
LAKE	RAFT

53 - Chimica

```
R N C H W Q G C T S Y L A T A C
W U H A I E U Q H L O F C L D T
G C J B R Z F P G L B Y B A V E
F L P Q R B X C I M O T A S J M
N E G Y X O O D E F A R D G W P
U A U Z P M E N W C L A I J R E
G R N R M F O O C T K G C N Z R
Y A M Y F U R I O T A J A E E A
C Z S V L H E A T I L K W G V T
A X L D K O L N R C I P A O O U
B J S P D I U Q I L N O H R R R
R S L R O G C Y F C E F A D G E
K R Q I W Y E M Y Z N E C Y A H
B S A Y J D L X Y R O J J H N T
X M O O N N O R T C E L E M I W
A Q Z O L Y M D O F U S X E C U
```

ACID
ALKALINE
ATOMIC
HEAT
CARBON
CATALYST
CHLORINE
ELECTRON
ENZYME
GAS

HYDROGEN
ION
LIQUID
MOLECULE
NUCLEAR
ORGANIC
OXYGEN
WEIGHT
SALT
TEMPERATURE

54 - Api

```
S U N L O R P I P Q B V H Q F D
R S I C I S F M Y K M W M S L V
T Z Q R R P O O T T P B X X O Q
A K T U R H B Y I D Y E A Q W Q
T L Q M E T S Y S O C E I O E Y
I O H O K E C N R O L G B D R U
B R E S O D N H E F T N E R S D
A D S S M W K G V M K Y N B G C
H V E O S B F F I P T C E S N I
Z O A L Q G N K D L S T F E I X
Q D N B S A V M R A W S I O W H
D V G E H R C D M N H W C U T V
Z G K U Y D T R H T I A I M R P
T T V F Y E J V K S V X A M F F
J F I Q S N D G X N E L L O P I
S Q E B M S J J J Y F N R E P L
```

WINGS	SMOKE
HIVE	GARDEN
BENEFICIAL	HABITAT
WAX	INSECT
FOOD	HONEY
DIVERSITY	PLANTS
ECOSYSTEM	POLLEN
FLOWERS	QUEEN
BLOSSOM	SWARM
FRUIT	SUN

55 - Strumenti Musicali

```
W A B K E N O H P O X A S K H A
L Z L C C S F B S C E L L O Y H
Z E T U L F Q H O Y N S C L L C
T N I L O I V Y D E I G X T F C
T I N Z G I C W W N U M A N R L
P R A H O T H A R M O N I C A A
E U O F N P R M L D D S G D M R
R O Q M G L V U Z E E X U R A I
C B D Q B S O V M V Z J I U R N
U M H G X O N A I P D E T M I E
S A Z J D V N I Q C E N A V M T
S T B A N J O E U S G T R W B S
I Y K F J B A S S O O N O I A T
O I X G Y S F B H U R H A P L Q
N I L O D N A M V A F B H E J E
J M W Y N M A G Y N V V Y O C Q
```

HARMONICA	OBOE
HARP	PERCUSSION
BANJO	PIANO
GUITAR	SAXOPHONE
CLARINET	TAMBOURINE
BASSOON	DRUM
FLUTE	TRUMPET
GONG	TROMBONE
MANDOLIN	VIOLIN
MARIMBA	CELLO

56 - Professioni #2

```
R O T A G I T S E V N I Z R P I
E E P H O T O G R A P H E R H N
E M S D G K W U E K E P L Z I V
N G R E W N B K T J I H I O L E
I T A T A R C N N T L Y B O O N
G S E R U R F T I U L S R L S T
N I Z A D Q C E A A U I A O O O
E G X J C E S H P N S C R G P R
I O A A X H N L E O T I I I H U
N L U A Y X E E R R A A S E S
D O A R Y Y H R R T A N N T R O
L I N G U I S T A S T V U M V U
B B F P H N W O Q A O X B A R T
R T Z B T S I L A N R U O J S P
D E N T I S T I S U R G E O N D
K X R T W N M P F W S N B Y W X
```

ASTRONAUT
LIBRARIAN
BIOLOGIST
SURGEON
DENTIST
PHILOSOPHER
PHOTOGRAPHER
GARDENER
JOURNALIST
ILLUSTRATOR

ENGINEER
TEACHER
INVENTOR
INVESTIGATOR
LINGUIST
PHYSICIAN
PILOT
PAINTER
RESEARCHER
ZOOLOGIST

57 - Letteratura

```
S  Q  U  G  M  N  O  I  T  P  I  R  C  S  E  D
E  T  O  D  C  E  N  A  U  P  G  O  O  N  C  T
K  O  Y  W  C  I  T  E  O  P  E  H  N  P  R  R
C  P  V  L  Z  K  J  A  W  J  N  T  C  Q  Y  A
H  I  B  E  E  X  D  U  P  S  R  U  L  G  Q  G
P  N  X  V  I  A  I  N  V  H  E  A  U  W  E  E
B  I  N  O  K  V  A  F  Y  F  O  V  S  F  D  D
I  O  U  N  Z  F  L  Z  X  L  T  R  I  B  E  Y
O  N  P  R  I  V  O  R  C  V  G  R  O  M  P  U
G  P  P  H  P  G  G  W  H  W  Z  M  N  B  C  N
R  V  E  Y  K  Q  U  J  L  Y  G  O  L  A  N  A
A  H  J  M  E  B  E  M  E  H  T  W  W  K  R  P
P  L  I  E  V  B  P  W  O  W  O  H  E  I  K  Q
H  A  N  A  L  Y  S  I  S  E  P  H  M  E  O  P
Y  B  Q  M  Q  B  S  L  V  B  T  M  X  D  H  F
I  K  I  C  O  M  P  A  R  I  S  O  N  G  V  Q
```

ANALYSIS

ANALOGY

ANECDOTE

AUTHOR

BIOGRAPHY

CONCLUSION

COMPARISON

DESCRIPTION

DIALOGUE

GENRE

METAPHOR

OPINION

POEM

POETIC

RHYME

RHYTHM

NOVEL

STYLE

THEME

TRAGEDY

58 - Cibo #2

```
B A N A N A T X I L X C B J C A
G P W H G M B O G E G V R M V G
X O I S Q M S Y M T V J E U R V
W Q P I H G Y M G A M H A F B I
E I M N J F W J R L T M D E G G
O C T K Z X U D A O V O H F S Q
E L P P A S Z R S C Z O H A M A
X G Y X F T R U G O Y R R E H C
L C G R N E K C I H C H E E S E
I R G P I W I K W C T S W W I H
G J Y R L C N A V Z F U E L F N
F T T G Q A E P A R G M N Q J X
C E L E R Y N D V X A V L V O B
L Q W G L T G T J H Z T P V N L
Q G W H A J W Z Q C U W H E A T
B R O C C O L I C W R H P J H M
```

BANANA	BREAD
BROCCOLI	FISH
CHERRY	CHICKEN
CHOCOLATE	TOMATO
CHEESE	HAM
MUSHROOM	RICE
WHEAT	CELERY
KIWI	EGG
APPLE	GRAPE
EGGPLANT	YOGURT

59 - Nutrizione

```
S  B  I  H  S  D  I  U  Q  I  L  B  Y  Y  I  F
A  R  X  N  A  S  E  C  I  P  S  G  H  T  X  O
S  J  N  D  U  A  T  D  D  Q  W  J  F  F  O  I
E  C  A  B  C  L  I  O  I  O  D  G  N  M  P  A
H  W  W  R  E  T  I  B  B  B  Q  F  P  U  O
Q  E  C  Y  T  D  E  C  N  A  L  A  B  R  Y  P
O  U  A  G  W  T  P  T  H  G  I  E  W  O  N  V
Y  M  A  L  U  E  P  T  Y  T  K  I  K  T  N  Y
F  G  W  L  T  C  A  L  O  R  I  E  S  E  O  E
J  H  N  E  I  H  T  O  X  I  N  D  R  I  I  J
N  O  I  T  A  T  N  E  M  R  E  F  Q  N  T  J
J  M  M  Z  M  X  Y  H  T  L  A  E  H  S  S  I
M  S  A  C  A  R  B  O  H  Y  D  R  A  T  E  S
N  U  T  R  I  E  N  T  T  A  H  O  A  E  G  I
H  X  I  V  X  L  P  F  H  D  U  X  M  I  I  O
F  H  V  P  K  V  X  P  U  N  K  W  H  D  D  B
```

BITTER	NUTRIENT
APPETITE	WEIGHT
BALANCED	PROTEINS
CALORIES	QUALITY
CARBOHYDRATES	SAUCE
EDIBLE	HEALTH
DIET	HEALTHY
DIGESTION	SPICES
FERMENTATION	TOXIN
LIQUIDS	VITAMIN

60 - Matematica

```
P F S P B S G Z X R P X S D R Z
A A T R I A N G L E O Y Y I E E
X Y R T E M O E G T L C M V C C
F W B A O U X Y S E Y I M I T D
D E M Z L K L H Q M G T E S A I
L I C V S L Y M U I O E T I N A
A N G L E S E R A R N M R O G M
V O L U M E E L R E O H Y N L E
D E C I M A L C E P I T O B E T
F R A C T I O N E P T I G F S E
G M A R G O L E L L A R A P U R
L S C C A M F X P T U A M X M M
L O X H B V H F F R Q D D H Q A
D N H O T E X R T N E N O P X E
C I R C U M F E R E N C E O G L
P N O P O J G N Q A M C Y U Z H
```

ANGLES
ARITHMETIC
CIRCUMFERENCE
DECIMAL
DIAMETER
DIVISION
EQUATION
EXPONENT
FRACTION
GEOMETRY

PARALLEL
PARALLELOGRAM
PERIMETER
POLYGON
SQUARE
RECTANGLE
SYMMETRY
SUM
TRIANGLE
VOLUME

61 - Meditazione

```
X O K J N M W M Q B N F U G A L
M F F J A U Y I W R N Y U U M E
L I W C T S Q S S E N D N I K V
A A N W U I S E C A E P R N U I
C T C D R C Z J S T H G U O H T
T N E M E V O M A H X W C I D C
E M O T I O N S I I P D L S S E
G Y V I H A L O Y N F G A S I P
K R F N F S H O I G M V R A L S
W M A N F V D O H T H J I P E R
Q T B T M E N T A L N S T M N E
H B K Q I P N W P Y G E Y O C P
X E C N A T P E C C A K T C E X
H I D I K S U J T E B D J T G D
C M Y W B I N D D X Q Q N O A W
I B Z B T O T X E R U T S O P R
```

ACCEPTANCE
ATTENTION
CALM
CLARITY
COMPASSION
EMOTIONS
KINDNESS
GRATITUDE
MENTAL
MIND

MOVEMENT
MUSIC
NATURE
PEACE
THOUGHTS
POSTURE
PERSPECTIVE
BREATHING
SILENCE

62 - Elettricità

```
Z N M L B A T T E R Y P E J M G
S F F M A C A B L E E O Q T R Q
T K E S O S E R I W Q S U B U O
C K R O W T E N P W U I I K F C
S R G C A C G R D H A T P M A L
S O N D F E Z Q S G N I M P T R
T W C O L J U R X R T V E N E Z
H C I K Z B R I H E I E N N L P
C T R E E O M U Y O T A T E E Z
K X T B C T G A M M Y G X G V X
M W C S K V Q A G V J A G A I X
G B E W D S S E G N K A T T S W
T E L E P H O N E V E A Z I I C
Y B E S T O R A G E P T K V O X
B U L B G E N E R A T O R E N P
E L E C T R I C I A N B B L U P
```

EQUIPMENT
BATTERY
CABLE
STORAGE
ELECTRICIAN
ELECTRIC
WIRES
GENERATOR
LAMP
BULB

LASER
MAGNET
NEGATIVE
OBJECTS
POSITIVE
SOCKET
QUANTITY
NETWORK
TELEPHONE
TELEVISION

63 - Antiquariato

```
D E C O R A T I V E P A V Q F Y
C E B M G J Q W X K B U M U U Z
L E L Y T S Q O A E P C S A R P
Y T N A G E L E P F T T T L N A
I C P T V A L U E S U I E I I Y
N C E R U T P L U C S O N T T Z
V H G A Y R E L L A G N O Y U C
E B B F X X Y C A C S A I Z R W
S D J Q F B M L U O E A T O E U
T L E Y Y C B Z T N P C A C C N
M O M C R B V Y H D R M R H I U
E Q Y G A E W L E I N T O L R S
N B S V G D P N N T R B T Q P U
T T R J J C E R T I T S S D B A
U I Y W T J C S I O B U E A O L
R Z Z H H L G V C N Z P R R X G
```

ART
AUCTION
AUTHENTIC
CONDITION
DECADES
DECORATIVE
ELEGANT
GALLERY
UNUSUAL
INVESTMENT

FURNITURE
COINS
PRICE
QUALITY
RESTORATION
SCULPTURE
CENTURY
STYLE
VALUE
OLD

64 - Escursionismo

```
S G M C H F H X C G N X A Z C P
U Z Z O N N F T M A O V P M L R
M L O J U A K N C I M U K L I E
M F K B T N D X F K N P W M F P
I Z G J L O T T I R E D I U F A
T E U G M Y V A E H Y A X N Q R
N O I T A T N E I R O W D F G A
H B D L I W A I T N B O O T S T
B X E T A M I L C N A T U R E I
X B S E N O T S R S K P E K S O
O V D K H B A P S D I V I J L N
B N R T R D Q H M L S G K K K I
A X A P E A W X A F Y I R M G F
O Q Z L T A P S U N P Z X A I A
P Z A F A F S H Q W B L F P M Y
C R H X W A N I M A L S U D Z M
```

WATER	HAZARDS
ANIMALS	HEAVY
CAMPING	STONES
CLIMATE	PREPARATION
GUIDES	CLIFF
MAP	WILD
MOUNTAIN	SUN
NATURE	TIRED
ORIENTATION	BOOTS
PARKS	SUMMIT

65 - Professioni #1

```
P S Y C H O L O G I S T D G C D
T D W H C A O C A R T I S T O P
Y R X U U G L E Q V N C L J B B
U R H N A A O Y M J P U F Y D F
O D D T S I N A I P S K R B X U
Q T R E M O N O R T S A E S D S
O S F R E L E W E J X A K N E E
S I K G A T T O R N E Y N T Y X
X C P W J B U R Q E R V A S F E
N A I C I S U M E X R M B J P J
B M R E F W R O D A S S A B M A
L R Q X N G M L I D A N C E R Z
T A T X O T A K T Y J F F J M I
Y H Y H T S I G O L O E G J Q J
U P G V Y K Y S R P L U M B E R
R E H P A R G O T R A C Q A M S
```

COACH
AMBASSADOR
ARTIST
ASTRONOMER
ATTORNEY
DANCER
BANKER
HUNTER
CARTOGRAPHER
EDITOR

PHARMACIST
GEOLOGIST
JEWELER
PLUMBER
NURSE
MUSICIAN
PIANIST
PSYCHOLOGIST
SCIENTIST

66 - Antartide

```
G  C  O  N  T  I  N  E  N  T  F  Z  X  L  V  V
S  E  L  A  H  W  B  V  M  U  Z  B  F  Q  S  G
I  N  O  I  T  A  V  R  E  S  N  O  C  B  L  D
S  P  Y  G  T  O  P  O  G  R  A  P  H  Y  A  Y
L  L  Y  G  R  C  L  O  U  D  S  U  I  P  R  Y
A  Q  X  C  N  A  L  U  S  N  I  N  E  P  E  E
N  B  T  Z  F  F  P  F  U  K  W  U  H  M  N  N
D  Z  T  R  Q  H  C  H  L  E  Y  I  M  I  I  V
S  C  N  E  A  C  O  L  Y  K  C  O  R  G  M  I
E  X  P  E  D  I  T  I  O  N  V  U  W  R  B  R
Q  C  I  F  I  T  N  E  I  C  S  I  A  A  K  O
G  J  K  A  O  C  V  C  F  P  P  K  T  T  O  N
Y  Q  K  K  G  N  E  U  S  X  E  Y  E  I  V  M
V  G  D  E  G  L  A  C  I  E  R  S  R  O  O  E
J  P  T  E  M  P  E  R  A  T  U  R  E  N  A  N
R  E  S  E  A  R  C  H  E  R  R  D  K  H  U  T
```

WATER
ENVIRONMENT
BAY
WHALES
CONSERVATION
CONTINENT
GEOGRAPHY
GLACIERS
ICE
ISLANDS

MIGRATION
MINERALS
CLOUDS
PENINSULA
RESEARCHER
ROCKY
SCIENTIFIC
EXPEDITION
TEMPERATURE
TOPOGRAPHY

67 - Libri

```
H P Z E H H Y R T E O P C S N R
A I A U T H O R R G R Z O B A E
E P S B R F M F A A U X L U A L
T N E T T I R W G P E L L X F E
M L V P O C M O I S L Y E K T V
V R I O Z R H Z C I P E C V N A
M J T W J P I U Z H L R T H Q N
V F N K F F Y C V T I U I Q Y T
Q R E D A E R L A U T T O P L X
C O V S E R I E S L E N N A F E
Y T N D U A L I T Y R E Q C K T
L A I Q Z F E V L R A V J K P N
T R N Y F D V Q Z O R D T V I O
N R E S X C O B I T Y A P L U C
I A L Q D T N K G S U J V T T G
H N H U M O R O U S M W K W V L
```

AUTHOR
ADVENTURE
COLLECTION
CONTEXT
DUALITY
EPIC
INVENTIVE
LITERARY
READER
NARRATOR

PAGE
POETRY
RELEVANT
NOVEL
WRITTEN
SERIES
STORY
HISTORICAL
TRAGIC
HUMOROUS

68 - Geografia

```
R  L  P  H  P  M  G  A  J  G  J  D  W  L  I  H
M  I  R  R  A  A  C  T  G  F  Q  R  Y  A  E  S
E  T  V  Y  X  P  E  L  S  U  S  C  Y  T  I  C
R  E  A  E  L  T  W  A  X  N  E  Z  W  I  D  R
I  R  L  D  R  Q  D  S  A  U  T  A  S  T  U  U
D  R  K  U  C  H  W  J  H  Z  E  V  L  U  V  V
I  I  C  T  M  O  U  N  T  A  I  N  J  D  T  G
A  T  T  I  I  E  R  E  H  P  S  I  M  E  H  C
N  O  P  T  E  D  R  L  T  T  W  P  X  I  R  O
F  R  K  L  F  U  F  C  R  I  U  G  Y  Y  E  U
M  Y  R  A  G  T  J  X  O  W  S  O  D  R  G  N
W  B  T  K  P  I  P  V  N  O  V  L  S  S  I  T
J  U  D  H  V  G  E  K  B  R  T  H  A  E  O  R
C  O  N  T  I  N  E  N  T  L  G  T  J  N  N  Y
R  B  S  U  L  O  C  J  L  D  P  J  Z  I  D  I
W  E  S  T  G  L  I  Q  X  A  V  Y  F  Y  W  P
```

ALTITUDE
ATLAS
CITY
CONTINENT
HEMISPHERE
RIVER
ISLAND
LATITUDE
LONGITUDE
MAP

SEA
MERIDIAN
WORLD
MOUNTAIN
NORTH
WEST
COUNTRY
REGION
SOUTH
TERRITORY

69 - Cibo #1

```
V O T S T A Q Q Z I J F H E J G
X N S U G A R W F O Z U M J L O
K I L X C D D A Q T U A I Z K T
G O M H C A N I P S M K X C Q U
T N Y Z T L R B A R L E Y X E N
C P F G P A U R N T Z S B G P A
I T B Q I S Z Y O C Q E P W Q H
L E M O N R X J M T L A S E Z C
R T M E R S G K A M I U W F A U
A O C I U X L X N I S U Y H B R
G K A V T N O P N L A K K E K H
G B K X W E P V I K B O I R Z L
A B E M O V N N C L Z M P H H X
X S T R A W B E R R Y I M E A T
W N K W O T K R I D X N T N F U
V I D C E D S G N V Z T X E U Q
```

GARLIC

BASIL

CINNAMON

MEAT

CARROT

ONION

STRAWBERRY

SALAD

MILK

LEMON

MINT

BARLEY

PEAR

TURNIP

SALT

SPINACH

JUICE

TUNA

CAKE

SUGAR

70 - Etica

```
N  R  V  U  L  L  P  H  H  X  H  C  S  L  H  X
P  C  U  M  S  I  L  A  U  D  I  V  I  D  N  I
A  H  T  M  X  R  C  W  T  M  O  D  S  I  W  U
L  R  I  N  C  J  L  N  M  I  A  L  I  D  B  Q
T  E  J  L  Z  Y  K  Q  R  D  E  N  B  W  I  W
R  A  L  O  O  T  L  D  J  N  A  N  I  K  Q  T
U  L  K  O  M  S  I  M  I  T  P  O  C  T  P  O
I  I  C  I  X  E  O  L  A  S  Z  Y  I  E  Y  L
S  S  E  M  I  N  Q  P  X  S  S  K  T  Y  V  E
M  M  G  Q  Q  O  K  D  H  J  S  D  A  O  A  R
R  P  V  G  R  H  T  U  H  Y  E  I  M  F  L  A
C  O  O  P  E  R  A  T  I  O  N  G  O  F  U  N
R  E  S  P  E  C  T  F  U  L  D  N  L  L  E  C
C  O  M  P  A  S  S  I  O  N  N  I  P  D  S  E
R  E  A  S  O  N  A  B  L  E  I  T  I  B  T  V
I  N  T  E  G  R  I  T  Y  D  K  Y  D  Q  Q  F
```

ALTRUISM	OPTIMISM
COMPASSION	PATIENCE
COOPERATION	REASONABLE
DIGNITY	REALISM
DIPLOMATIC	RESPECTFUL
PHILOSOPHY	WISDOM
KINDNESS	TOLERANCE
INDIVIDUALISM	HUMANITY
INTEGRITY	VALUES
HONESTY	

71 - Aeroplani

```
F F P U Q P S U B K M C H G H W
I U R T Q D X K G N O O L L A B
O R E O U D T X Y Y O N H N T S
W D O L H I S T O R Y S Y A P G
E N G I N E E H A I J T D V Z A
R X E P E C D G H A R R I I S
C T P E G Q U I E L Y U O G E P
D E S C E N T E T X Q C G A Z G
L R I N D O I H U R Z T E T P Q
C U U E C I T D B Q O I N E G Y
Q T T L F T L N N A C O H I C Z
I N R U A C A I N A R N J N B U
L E K B D E O M K E L U D W Y S
X V B R K R E G N E S S A P I O
N D G U O I A T M O S P H E R E
Y A N T M D B V X Q A L O I Y J
```

HEIGHT	DESCENT
ALTITUDE	CREW
AIR	HYDROGEN
ATMOSPHERE	ENGINE
LANDING	NAVIGATE
ADVENTURE	BALLOON
FUEL	PASSENGER
SKY	PILOT
CONSTRUCTION	HISTORY
DIRECTION	TURBULENCE

72 - Governo

```
P  K  T  B  Q  K  E  Q  U  A  L  I  T  Y  C  X
S  E  J  L  A  N  O  I  T  A  N  Y  K  E  I  P
N  Y  N  O  I  T  U  T  I  T  S  N  O  C  T  O
F  A  M  I  X  B  N  C  T  Z  H  E  S  N  I  L
Z  W  T  B  N  J  E  I  C  X  W  L  H  E  Z  I
C  U  D  I  O  L  S  R  E  D  A  E  L  D  E  T
I  H  L  X  O  L  Q  T  T  Z  L  V  E  N  N  I
V  T  A  N  M  N  J  S  X  Y  K  B  I  E  S  C
I  U  Q  C  Q  T  E  I  T  R  H  Q  T  P  H  S
L  Z  H  L  A  H  I  D  N  S  T  A  T  E  I  J
T  Y  C  A  R  C  O  M  E  D  R  R  Z  D  P  U
U  J  E  X  K  I  F  V  M  S  N  C  G  N  K  S
W  K  E  O  Z  Z  Y  Y  U  Z  V  S  F  I  A  T
P  H  P  V  T  C  S  S  N  Q  Y  Y  T  I  S  I
D  I  S  C  U  S  S  I  O  N  G  A  B  P  H  C
J  U  D  I  C  I  A  L  M  P  X  K  Q  E  Z  E
```

LEADER	LAW
CITIZENSHIP	LIBERTY
CIVIL	MONUMENT
CONSTITUTION	NATIONAL
DEMOCRACY	NATION
SPEECH	POLITICS
DISCUSSION	DISTRICT
JUDICIAL	SYMBOL
JUSTICE	STATE
INDEPENDENCE	EQUALITY

73 - Bellezza

```
O M E C Z J T I S R O S S I C S
R Z B E N X B B E H D X H O K G
U S E C N A G E L E A S K I N Z
X Z O A U N P A T G J M K W L K
R U K R B R U E C S A R P F E F
S F T G A Q L M Z C M A F O H S
L A R B F N Q S W I J H M H O P
S D O A C L I P S T I C K N J H
V C L V G H A E L E G A N T Z O
U W O K B R S A K M Z E H N R T
X R C V H C A Y L S O K E E O O
S T Y L I S T N S O Y M E C G G
Z W M I R R O R C C D Q J S H E
O I L S E C I V R E S L X O F N
P R O D U C T S M A S C A R A I
M B Q Y A G A I O O F B N H T C
```

COLOR
COSMETICS
ELEGANT
ELEGANCE
CHARM
SCISSORS
PHOTOGENIC
FRAGRANCE
GRACE
MASCARA

OILS
SKIN
PRODUCTS
SCENT
CURLS
LIPSTICK
SERVICES
SHAMPOO
MIRROR
STYLIST

74 - Avventura

```
D R E I N C Q S Q R S W F H N R
I W N T A Q Z E A H D Q Y J Q I
F W T I V N O I T A N I T S E D
F A H N I O W J X Z E H E T S A
I Q U E G I P V A C I R F Y V C
C N S R A T T P N D R J A Y B T
U B I A T A B B O E F J S D O I
L R A R I Y B I R Y O N X H V
T A S Y O A Q O S S T Y I E I I
Y V M E N P T L R B U U E K W T
G E X L W E P U U M A T N S M Y
S R Q H V R W D C Q E Q H I T O
V Y R U W P J Q X I B P B J T G
C H A L L E N G E S Z A P M H Y
D A N G E R O U S N A T U R E I
T R A V E L S A U N U S U A L T
```

FRIENDS
ACTIVITY
BEAUTY
BRAVERY
DESTINATION
DIFFICULTY
ENTHUSIASM
EXCURSION
JOY
UNUSUAL

ITINERARY
NATURE
NAVIGATION
NEW
OPPORTUNITY
DANGEROUS
PREPARATION
CHALLENGES
SAFETY
TRAVELS

75 - Forme

```
C U R V E C R P E D I S B Q I P
S C N M N L E V D I M A R Y P K
E P B R O S C W G F P L J E D O
L P H N C I T Z E L C R I C R A
L O K E H N A M S I R P L J H Q
I L X I R K N L C Y L I N D E R
P Y A E E E G M O H E O M O B X
S G U E N I L I J B V G G T U U
E O X I R M E G V V R C C N C J
I N L Z O N L P Q W U E V E X Q
Q E J Q C K G F K E J U P P J L
T P Q T T L N O X M O L F Y P T
S Q U A R E A M V R U D U S H C
P S G G H T I N U A K A L F J O
S S J N L V R A S H L D C S E B
T C S A L V T V A R L X J W V I
```

CORNER	SIDE
ARC	LINE
EDGES	OVAL
CIRCLE	PYRAMID
CYLINDER	POLYGON
CONE	PRISM
CUBE	SQUARE
CURVE	RECTANGLE
ELLIPSE	SPHERE
HYPERBOLA	TRIANGLE

76 - Oceano

```
S J E L L Y F I S H B R E S Z O
E T R E M C E F O L Y Q A A I Y
D S O E X R E W S H A R K L W S
I W H R J A R T W C Y R E T O T
T L T R M B A W X J O H O Q S E
J C Q K I F I S H I C Z T C P R
W A V E S M R U H G T A O B O N
T U R T L E P P C Y O N D Z N Q
W Q D K J J O Z V M P U R F G B
B D J E Z P N D Q D U T C A E Y
D O L P H I N Q X G S R Q T L Z
P R W I X S Q S C C V J R P A L
U P B G E N I J C Y L G R X H Y
M V H U G R H F N P V B Y D W Z
C Z U X F W Z L S N Y O P H B H
U F U P A I C R C A Q V W T S H
```

EEL	OYSTER
WHALE	FISH
BOAT	OCTOPUS
CORAL	SALT
DOLPHIN	REEF
SHRIMP	SPONGE
CRAB	SHARK
TIDES	TURTLE
JELLYFISH	STORM
WAVES	TUNA

77 - Famiglia

```
T U Z L B M U P Z C W L U J A E
J F T R D Y L A M I F E Y X Q E
H W C E F I W T D A M P T C J U
J P U H Q P M E E H T N U A R F
L G M T I P J R P C R E H T O M
P R R O E L C N U O E Q R Q P D
F A B M K B D A F B D H E N R B
F N A D V W G L V P V C T L A H
X D N N E R D L I H C N S B Q L
B F C A A L J C O Z Q E I J O O
R A E R N T W I N S C B S W E Q
O T S G R X E G N I Z O K O L N
T H T D O O H D L I H C U L P X
H E O W R S P J G B L B Y S D O
E R R C D V E H U S B A N D I V
R E H T A F N D A U G H T E R N
```

ANCESTOR
CHILDREN
CHILD
COUSIN
DAUGHTER
BROTHER
TWINS
CHILDHOOD
MOTHER
HUSBAND

MATERNAL
WIFE
NEPHEW
GRANDMOTHER
GRANDFATHER
FATHER
PATERNAL
SISTER
AUNT
UNCLE

78 - Creatività

```
P R R L N E V I T N E V N I I U
S H X C C A S N O I S I V C D N
G S Y T I C I T N E H T U A E A
R Z P V T D V U Q C O K Q S A N
S Z X P S N C I T A M A R D S Y
T M H D I O E T C L A R I T Y B
G A N Y T I D I U L F E Z O O I
B K N Y R T W O A I Z X E V F M
F Z I U A A I N R K Q P M I J P
I N T E N S I T Y S T R O T S R
I M A G I N A T I O N E T A S E
N M E I V E C Y Q N I S I L P S
I J O A I S G U A Y Z S O I M S
Q I M A G E D L L Z Y I N T J I
S P O N T A N E O U S O S Y C O
G V N O I T A R I P S N I I P N
```

SKILL
ARTISTIC
AUTHENTICITY
CLARITY
DRAMATIC
EMOTIONS
EXPRESSION
FLUIDITY
IDEAS
IMAGINATION

IMAGE
IMPRESSION
INTENSITY
INTUITION
INVENTIVE
INSPIRATION
SENSATION
SPONTANEOUS
VISIONS
VITALITY

79 - Emozioni

```
S K Z V C G I U R T N E T N O C
A V Y Z A R G C E E J J H Q L Q
D U T H L A P D L N V M D D C C
N J C O P T E V A D V O F E A R
E Q O Y I E N I X E D D L I C K
S C I T S F S S E R B E D F G W
S K R I U U Y P D N L R A S E T
A M J L M L A C X E I O N I V B
E X C I T E D U L S S B G T N X
S S E U D D W V O S S R E A L R
I K K Q L J M Y K P V X R S I S
R R W N U B Q S S E N D N I K I
P O G A C Y W H F A A M W B G L
R V T R C Z Q P C C A J J C H R
U Y H T A P M Y S E U C C O B I
S W G E M B A R R A S S E D Y J
```

LOVE
BLISS
CALM
CONTENT
EXCITED
KINDNESS
JOY
GRATEFUL
EMBARRASSED
BOREDOM

PEACE
FEAR
ANGER
RELAXED
SYMPATHY
SATISFIED
SURPRISE
TENDERNESS
TRANQUILITY
SADNESS

80 - Natura

```
D P G Y G O V F H Y N X J G U D
S Y T U A E B O O L N I D V H E
H R N Y C X U N F G V K U K C S
E A G A I U J W L H M K F E W E
L U C L M C C I T C R A T U X R
T T L A A I V L A N I M A L S T
E C O T N C C D Q W M F W Q X S
R N U I H V I K J M O E L A K E
P A D V R S H E D W U F M W U R
Z S S P Z B Z V R E N E R E S O
S E E R O S I O N F T S H X E F
G E G A I L O F L P A E S J H J
L B R I V E R L E Y I P I G F E
T R O P I C A L M B N C Q E J Q
U G N C T S R I W X S M Z B M M
F H W N X M N X V B G V D P S B
```

ANIMALS
BEES
ARCTIC
BEAUTY
DESERT
DYNAMIC
EROSION
RIVER
FOLIAGE
FOREST

GLACIER
MOUNTAINS
FOG
CLOUDS
SHELTER
SANCTUARY
WILD
SERENE
TROPICAL
VITAL

81 - Balletto

```
E G C U Z M H T Y H R D G P C I
L H G E V E U Q I N H C E T O Y
T S D E F N B S R E C N A D M H
K T A V Q N B E C I T C A R P P
A Y D I J S D G T L B G U X O A
R L A S R A E H E R E E H C S R
T E N S O A S V E O Z S E D E G
I R I E P Y U A R T S E H C R O
S U R R B O A G S K I L L U X E
T T E P D Z L Q R M B A E B Z R
I S L X L U P R W A I S V G P O
C E L E M G P K P Y C N L W Z H
Y G A N A U A X R X V E H G X C
Q Z B Y T I S N E T N I F Q F B
Z R T I A R U I K Z Q G M U K Z
A U D I E N C E C I N X V I L M
```

SKILL
APPLAUSE
ARTISTIC
BALLERINA
DANCERS
COMPOSER
CHOREOGRAPHY
EXPRESSIVE
GESTURE
GRACEFUL

INTENSITY
MUSCLES
MUSIC
ORCHESTRA
PRACTICE
REHEARSAL
AUDIENCE
RHYTHM
STYLE
TECHNIQUE

82 - Paesi #1

```
T Y V L F N O R W A Y E I D N H
O E O O I Z N W X K A L S S F K
W D Z A N A Y N A M R E G X I G
Y H I N L K T L R T O A Y B I L
Z G X T A P A N A M A R H N Y S
O I N B N K Q I S X A S O W D O
M A L I D I D B R A Z I L C Z M
A M M C A M B O D I A T Q Y C R
N X B S I P V L F D T B R E I O
T N V W N T S A R N P O L A N D
E G M Z A Z L Y D I Y Z O D S M
I J V I M O G U E D G J R A I U
V G L Z O H N I D N E H M N M N
R F J G R F R G R L X R O A I L
S E N E G A L W E A J W U C P A
V E N E Z U E L A A Q T F Y X K
```

BRAZIL
CAMBODIA
CANADA
EGYPT
FINLAND
GERMANY
INDIA
IRAQ
ISRAEL
LIBYA

MALI
MOROCCO
NORWAY
PANAMA
POLAND
ROMANIA
SENEGAL
SPAIN
VENEZUELA
VIETNAM

83 - Geometria

```
D H G C S P M M G L N F H K Z E
H I O T U W C J Q Z D G C I D Q
E S M Q I R U N U M B E R Q L U
I X E E V R U C S U R F A C E A
G L J G N O I T R O P O R P A T
H Y M G M S M E D I A N R A N I
T P A T Y E I H Q L M K G P G O
T H E O R Y N O U S L C U U L N
D V L V T E Y T N Z V S C D E W
I E G Y E C A L C U L A T I O N
A R N U M P A R A L L E L M B W
M T A I M L O G I C T B Z C Z T
E I I F Y H O R I Z O N T A L T
T C R U S E G V C I R C L E N J
E A T M J T G O F X R B T T F D
R L Z N X A I P Y N O Y J W N J
```

HEIGHT	NUMBER
ANGLE	HORIZONTAL
CALCULATION	PARALLEL
CIRCLE	PROPORTION
CURVE	SEGMENT
DIAMETER	SYMMETRY
DIMENSION	SURFACE
EQUATION	THEORY
LOGIC	TRIANGLE
MEDIAN	VERTICAL

84 - Foresta Pluviale

```
P R E S E R V A T I O N J Y H P
X U K A Y M B C Y C N X H T X O
A M R G M U V Q D M K V L J C Q
S T C E S N I A S C V H S K J S
L U Z U F R E S T O R A T I O N
A N R I Y U J U N G L E B C F A
M A A V T E G M O S S C O L C I
M T Y R I E O E J E D K T O V B
A U T Q N V B U W T R Z A U A I
M R I V U Y A E W A I H N D L H
C E S I M T N L C M B X I S U P
P H R U M S P E C I E S C M A M
P M E H O M J W M L T O A P B A
T W V C C G R R Y C U U L X L J
Z E I N D I G E N O U S A J E G
V X D R E S P E C T A V N S S K
```

AMPHIBIANS
BOTANICAL
CLIMATE
COMMUNITY
DIVERSITY
JUNGLE
INDIGENOUS
INSECTS
MAMMALS
MOSS

NATURE
CLOUDS
PRESERVATION
VALUABLE
RESTORATION
REFUGE
RESPECT
SURVIVAL
SPECIES
BIRDS

85 - Edifici

```
H F N X S X T E X E N G D F J C
O B S Z T U L A B O R A T O R Y
S T A U K M P Z G W A H I B X I
T N H O F W J E X Q B C A B I N
E E A E L T B M R E W O T A H Z
L M X I A R G J E M L Z B H D Z
Q T H J M T V F R Q A H O T E L
A R W L E Q E T E N T R Q A V S
C A S M N J U R I M I C K K U C
F P M U I D A T S U P A J E Z H
D A D V C B N S J S S S J B T O
A D C R A P X E D E O T A Z M O
D T R T H V H T B U H L J Y G L
E H E E O R L V G M X E K Z V A
A B S J Y R O T A V R E S B O Y
F X K Q K S Y S S A B M E L M Q
```

EMBASSY
APARTMENT
CABIN
CASTLE
CINEMA
FACTORY
BARN
HOTEL
LABORATORY
MUSEUM

HOSPITAL
OBSERVATORY
HOSTEL
SCHOOL
STADIUM
SUPERMARKET
THEATER
TENT
TOWER

86 - Malattia

```
O J C H S C I T E N E G H E K G
Q P D I U H P P R C A E M G J R
H S T G O R O T X K D D N E R H
T E V C I O L T A C V B E M E O
H I A L G N U K S Y N D R O M E
E G Z R A I Y R A T I D E R E H
R R P Q T C W A O E R P T E A T
A E Y E N E P B F D W U U S B L
P L T N O N J M W I B L C P D A
Y L I P C R W U Z W W M A I O E
D A N A L U H L A F Y O A R M H
N E U R O P A T H Y J N F A I B
Y A M H M Q J V P M P A D T N O
X H M F T W Y Y A N W R E O A D
H I I W H S C A Q T P Y N R L Y
W E L L N E S S F X U Y X Y V O
```

ACUTE
ABDOMINAL
ALLERGIES
WELLNESS
CONTAGIOUS
BODY
CHRONIC
HEART
WEAK
HEREDITARY

GENETIC
IMMUNITY
LUMBAR
NEUROPATHY
PULMONARY
RESPIRATORY
HEALTH
SYNDROME
THERAPY

87 - Paesi #2

```
R H A C I A M A J P N L U M C K
J U S L N E P A L K I J K Y R T
N A S V B C R J S G G O R S N P
V I P S O A L L M A E C A G H O
O P F A I D N A L E R I I R O X
R O L O N A J I P V I X N E R Y
L I B E R I A E A H A E E E E Y
C H V R P R A P P A I M X C D F
S T L Y A B Z A J I S I M E E O
S E C T K G C R X T E C N C N I
R C Y B I N D G Q I N H G N M I
L S F Z S S Y R I A O J E P A F
W U Q F T I Q B W J D Y L B R T
G B R J A D N A G U N J Y L K N
T U P U N A D U S E I Z C N B M
B U N L S L D J X N P Q T O S Q
```

ALBANIA
DENMARK
ETHIOPIA
JAMAICA
JAPAN
GREECE
HAITI
INDONESIA
IRELAND
LAOS

LIBERIA
MEXICO
NEPAL
NIGERIA
PAKISTAN
RUSSIA
SYRIA
SUDAN
UKRAINE
UGANDA

88 - Tipi di Capelli

```
C W R G N O L H U Y R O H T L F
F O A N R G P S D I A R B F M D
A H L W R A N I H T I H Q A F A
K T F O S W Y L R U C Z H P M I
A O K R R D R V J F K L H K K B
A O A B F E D E H W C F S V S F
B M Y R B F D R B R A I D E D E
K S D S U G N V O G L J L R J F
W S C V U P O W A A B I A G R D
R L W A M T L N I D Z R B R X P
T W I U H F B G W T J E N N P Y
S F E B B B O Y L Y H T L A E H
S N L F G G I L B M C I J X B H
K F T B C L L X J W B H C N M F
Z Q K B Z X F Y A C J W D K P T
S H O R T C U R L S Q L Y F M S
```

SILVER   LONG
DRY   BROWN
WHITE   SOFT
BLOND   BLACK
SHORT   CURLY
BALD   CURLS
COLORED   HEALTHY
GRAY   THIN
BRAIDED   THICK
SMOOTH   BRAIDS

89 - Vestiti

```
E G B A R A P A J A M A S E L B
I T O D L P J P X J W B Y K U O
I L F V F R A C S F C D X F M R
B Y Q D M O E C A L K C E N M L
L P A X T N O T J E A N S M C M
O K T M C U H A A G L O V E S J
U Z Y C K Z S O D E L I L M Z G
S H L R C X F C W K W H C H H K
E T B R A C E L E T S S S E R D
H R N B P R B T Y A D A Y V S H
P I P A E I G F Z H I F A A H E
A K X C P L S A N D A L S B I T
U S M F U M T J A C K E T B R O
E Z M T X I E B C R E X Y P T L
I R N A H H T S C L Q W N U Q M
O M N X C Q K L A J W U Q G D V
```

DRESS	APRON
BRACELET	GLOVES
BLOUSE	JEANS
SHIRT	SWEATER
HAT	FASHION
COAT	PANTS
BELT	PAJAMAS
NECKLACE	SANDALS
JACKET	SHOE
SKIRT	SCARF

90 - Attività e Tempo Libero

```
D  L  J  F  S  D  S  V  Z  U  W  O  D  T  X  J
G  F  I  K  Y  X  I  B  A  S  E  B  A  L  L  E
W  I  U  D  I  G  N  V  X  I  G  B  S  L  S  V
R  E  L  A  X  I  N  G  I  G  V  O  O  A  D  L
T  Q  S  O  D  M  E  G  S  N  H  X  C  B  E  L
P  Q  I  W  F  T  T  J  R  I  G  I  C  T  R  A
J  O  T  C  I  M  U  O  B  P  N  N  E  E  E  B
F  L  O  G  R  M  I  L  P  P  I  G  R  K  L  Y
U  I  Z  P  Q  P  M  M  P  O  P  G  U  S  Z  E
S  C  S  H  M  Q  N  I  Y  H  M  B  M  A  R  L
G  B  K  H  N  E  G  F  N  S  A  Z  M  B  G  L
S  Q  O  D  I  H  J  M  W  G  C  D  L  Y  Y  O
S  K  Z  T  A  N  X  H  O  B  B  I  E  S  S  V
H  I  K  I  N  G  G  N  I  N  E  D  R  A  G  M
P  A  H  S  U  R  F  I  N  G  T  R  A  V  E  L
X  P  A  I  N  T  I  N  G  U  P  X  O  U  O  W
```

ART	DIVING
BASEBALL	SWIMMING
BASKETBALL	VOLLEYBALL
BOXING	FISHING
SOCCER	PAINTING
CAMPING	RELAXING
HIKING	SHOPPING
GARDENING	SURFING
GOLF	TENNIS
HOBBIES	TRAVEL

91 - Arte

```
P W D M F M T I L P B Y G W U P
C O U J J O M C N V I S U A L A
O Y R T E O P R T S Q K X Y K I
M Y S T P D N E M G P T Y Z I N
P H I C R S I A C U J I E E M T
O O M E S A M T S E L Q R K I I
S N P J H C Y E R U G I F E Y N
I E L B G U C O M P L E X D G
T S E U X I W L O B M Y S O G S
I T O S Y C J S P V W T V R N T
O M M X O A G C S T U C L I E G
N C E R A M I C I C U H E G H Z
S U R R E A L I S M K R J I K V
E X P R E S S I O N R L E N V R
P E R S O N A L F W V J T A W M
H P C S G A S Q A C F K F L F A
```

CERAMIC	PERSONAL
COMPLEX	POETRY
COMPOSITION	PORTRAY
CREATE	SCULPTURE
PAINTINGS	SIMPLE
EXPRESSION	SYMBOL
FIGURE	SUBJECT
INSPIRED	SURREALISM
HONEST	MOOD
ORIGINAL	VISUAL

92 - Corpo Umano

```
R  D  Y  D  Q  W  H  C  A  M  O  T  S  T  Q  S
E  M  M  J  K  I  B  A  E  F  N  N  Y  U  O  H
G  A  L  M  Y  N  F  K  N  I  H  C  S  Y  C  O
Z  E  Q  S  S  D  K  B  G  D  O  O  L  B  M  U
U  P  I  P  Z  F  A  C  E  E  N  K  V  I  O  L
U  N  O  D  E  T  J  O  Y  S  T  S  Y  U  U  D
B  P  S  B  V  N  B  S  F  W  O  B  L  E  T  E
E  A  R  H  N  U  R  C  S  S  Q  N  H  F  H  R
P  V  S  E  Q  Z  B  F  I  M  R  I  F  W  Z  L
Z  T  L  A  I  T  E  Q  N  X  Z  K  R  J  S  M
U  A  D  D  C  P  M  P  V  X  C  S  D  O  Y  G
B  T  W  E  X  Q  X  N  O  N  A  N  K  L  E  Q
Z  R  E  G  N  I  F  R  X  E  F  U  B  B  L  U
Z  A  A  W  B  L  E  Y  E  C  M  K  N  I  L  V
C  E  H  I  R  G  I  M  K  K  P  N  K  L  E  G
B  H  Y  U  N  N  Z  R  M  D  Q  H  N  X  B  Y
```

MOUTH	HAND
ANKLE	CHIN
BRAIN	NOSE
NECK	EYE
HEART	EAR
FINGER	SKIN
FACE	BLOOD
LEG	SHOULDER
KNEE	STOMACH
ELBOW	HEAD

93 - Mammiferi

```
Q  C  P  H  I  U  X  L  D  S  F  Q  H  J  O  M
S  R  F  E  Q  K  B  Y  G  G  F  T  H  J  G  O
Z  W  U  L  Y  C  U  Q  C  E  H  I  M  Z  M  N
H  R  T  P  X  O  F  M  F  W  S  B  L  O  K  K
B  L  N  N  K  Y  F  W  H  O  C  B  N  I  A  E
M  U  A  F  K  O  Z  H  G  T  B  A  I  A  O  Y
A  Z  H  N  J  T  U  A  L  L  I  R  O  G  G  N
K  L  P  W  Q  E  J  L  Q  V  L  X  D  Y  I  I
W  E  E  E  R  O  H  E  S  X  O  A  L  F  R  H
B  U  L  L  E  D  O  G  B  H  O  R  S  E  A  P
D  E  E  R  W  D  D  E  E  S  R  B  K  D  F  L
E  O  L  I  Q  O  G  M  A  H  A  E  L  Y  F  O
C  L  G  O  Q  N  L  B  R  E  G  Z  F  G  E  D
D  C  R  O  Q  I  D  F  Z  E  N  C  P  E  L  V
I  W  X  C  P  C  I  N  X  P  A  L  A  N  V  D
Q  Y  H  Y  Y  S  W  Z  B  K  K  B  X  T  Z  C
```

WHALE	GIRAFFE
DOG	GORILLA
KANGAROO	LION
HORSE	WOLF
DEER	BEAR
RABBIT	SHEEP
COYOTE	MONKEY
DOLPHIN	BULL
ELEPHANT	FOX
CAT	ZEBRA

94 - Cucina

```
S C Y Y D M E J K B I L Y C D G
P H S E V I N K U T R H C E N N
O O P H L W O B F G F D L R P I
O P U S O T L A C U X C X T I H
N S C K V K T Y U A R J J J S R
S T R R E Z E E R F L L I R G E
I I E O N N A P K I N A V A I F
G C C F O X P P S V D J D J C R
J K I F R J W T B K O S O L F I
F S P X P N P A D F P F O V E G
L U E Y A S P I C E S N F B G E
G D I Z Z W D C X Y D U B H N R
U X W J Y J P A Z M Z G R Q O A
S W B T G D H G B B T Q R T P T
Q I L U M W Z O N U J N G N S O
F P J Y H F Z V S T T N J S L R
```

CHOPSTICKS
KETTLE
JUG
FOOD
BOWL
KNIVES
FREEZER
SPOONS
FORKS
OVEN

REFRIGERATOR
APRON
GRILL
LADLE
RECIPE
SPICES
SPONGE
CUPS
NAPKIN
JAR

95 - Giardinaggio

```
C G A B P O G U R S F K X K U W
O D I R T C N X O I C D F D Z E
N J F S D F I P D X H Q Y S K I
T E U Q U O B Q W S P E C I E S
A B L O S S O M A E Z U V L S X
I C L I M A T E T V X J W E E E
N B L A N O S A E S M O Q A E J
E G A I L O F I R D O U T F D C
R N D R A H C R O D I E X I S R
S O I L C U P J B Z S V S E C L
A S V A I O A L F Z T Z K L J W
I N U R N H M C K A U F X K F I
W R E O A T O P U X R M J V H D
O P C L T I S S O E E T X C V X
I M O F O B Q X E S V G N J S E
U Q E L B I D E S Y T R K U L S
```

WATER
BOTANICAL
CLIMATE
EDIBLE
COMPOST
CONTAINER
EXOTIC
BLOSSOM
FLORAL
LEAF

FOLIAGE
ORCHARD
BOUQUET
SEEDS
SPECIES
DIRT
SEASONAL
SOIL
HOSE
MOISTURE

96 - Jazz

```
T C R H Y T H M M F A O E T A C
N A D F S G W W U A R R M E L Y
A T L W A W L S S M T C P C B W
H D O E K V J U I O I H H H U B
X L Q N N F O Y C U S E A N M H
K Z C I X T X R J S T S S I N I
A P P L A U S E I L Q T I Q O Q
B V Y N S T V H T M R S U I C
O J J P X W T Q X W E A L E T T
V W F Y Q I H Y H T K S R N I R
Q F I S L D E A L B J W G S S E
J S M E J D R D R E S O P M O C
I M P R O V I S A T I O N N P N
G I T N Z J X S X Z N I B P M O
R I K E S N I N U I F A C O O C
Z Z B G N O S H P T Y A L X C W
```

ALBUM
APPLAUSE
ARTIST
SONG
COMPOSER
COMPOSITION
CONCERT
EMPHASIS
FAMOUS
GENRE

IMPROVISATION
MUSIC
NEW
ORCHESTRA
FAVORITES
RHYTHM
STYLE
TALENT
TECHNIQUE
OLD

97 - Attività

```
D Z Q C F Q S C I M A R E C P A
S K I L L S E M A G V A R J U H
D N J A E U W B R D S A U K Z N
S X L J R M I T G D F Y S V Z B
F E V V P T N O H C Y D A K L H
F I M I M U G J V G M S E N E P
A D S T F A R C K Z K K L N S C
T C Y H P A R G O T O H P A I A
F I T U I A R Y Y G G H J U W M
F G P I G N I N E D R A G E G P
K A K V V V G N I C N A D R N I
D M E G N I D A E R Q R W U I N
X R E C I L T W J T K M J S T G
F B G L G B A Y U T H I K I N G
D R E L A X A T I O N F Q E U F
G A D F D Z S D Z Y A K I L H T
```

SKILL
ART
CRAFTS
ACTIVITY
HUNTING
CAMPING
CERAMICS
SEWING
DANCING
HIKING

PHOTOGRAPHY
GARDENING
GAMES
READING
MAGIC
FISHING
PLEASURE
PUZZLES
RELAXATION
LEISURE

98 - Diplomazia

```
D P O L I T I C S E I I O V X C
R I Z Z J J K Z H S T N F J N O
O E S M P H E V I R N H T D R M
D C S C M X S F V I O U I T Z M
A I P O U C I T I Z E N S C L U
S T W P L S E F X O F O E D S N
S S P I Z U S J S A N I T A A I
A U E I I Y T I R G E T N I D T
B J E S W L C I O K S A E S V Y
M O M C I V I C O N E R M O I T
A I B R R L L Q P N C E N L S A
X Z A S Q Y F P Y G U P R U E E
L M S M K J N T T H R O E T R R
K B S P U S O V K R I O V I A T
S D Y P L A C P V F T C O O A D
D I P L O M A T I C Y A G N V K
```

EMBASSY
AMBASSADOR
CITIZENS
CIVIC
COMMUNITY
CONFLICT
ADVISER
COOPERATION
DIPLOMATIC
DISCUSSION

ETHICS
JUSTICE
GOVERNMENT
INTEGRITY
POLITICS
RESOLUTION
SECURITY
SOLUTION
TREATY

99 - Forniture Artistiche

```
L  C  S  R  O  L  O  C  S  G  O  B  N  P  C  Y
R  I  L  R  P  Q  C  S  B  J  F  N  G  E  H  G
I  L  E  S  A  E  L  M  L  S  A  P  Z  N  A  Z
E  Y  T  I  V  I  T  A  E  R  C  A  A  C  R  Z
Y  R  S  E  H  S  U  R  B  O  I  B  B  I  C  T
A  C  A  C  L  A  Y  E  E  L  B  A  T  L  O  L
V  A  P  S  B  O  K  M  J  O  L  Q  H  S  A  W
E  O  P  G  E  M  B  A  X  C  J  A  D  C  L  E
N  H  A  Q  N  R  N  C  C  R  X  Y  E  B  B  V
R  J  P  B  P  A  S  K  W  E  O  I  J  D  G  Z
G  K  E  L  U  N  Z  Y  A  T  G  R  W  C  Y  I
D  O  R  Q  U  X  T  F  T  A  V  T  E  X  K  X
G  D  I  I  D  E  A  S  E  W  P  X  U  N  R  G
K  X  J  L  W  B  M  M  R  I  F  I  J  O  Z  L
B  U  M  N  S  P  D  Z  I  N  K  U  P  Y  U  U
Z  S  Z  C  H  Z  S  L  B  E  D  V  E  D  J  E
```

WATER	ERASER
WATERCOLORS	IDEAS
ACRYLIC	INK
CLAY	PENCILS
CHARCOAL	OIL
PAPER	PASTELS
EASEL	CHAIR
GLUE	BRUSHES
COLORS	TABLE
CREATIVITY	CAMERA

100 - Misurazioni

```
W S E C W T Q A N I W O U N C E
L D K R E T E M O L I K D S H R
J U M E A H O Y C X F O O S Q F
Y Y U T F G I N W E R B N K F V
R E T E M I T N E C P N Y I V I
N Y L M P E Q W I D T H K T F W
W U U D O W B H F L A M I C E D
X N K Q W P Y K V A N K L W S H
F L A Z P I N C H U G R O X D J
Q K E L Z H T P E D T P G A B B
H R S W L I T E R X E E R P P K
E L P J X A E G G R A M A S O I
I O I Z A L W I N Q F E M L L E
G B N F D E G R E E M I N U T E
H W T V O L U M E R L P D R O K
T M H W N O T J T L J R U R G E
```

HEIGHT	LENGTH
BYTE	METER
CENTIMETER	MINUTE
KILOGRAM	OUNCE
KILOMETER	WEIGHT
DECIMAL	PINT
DEGREE	INCH
GRAM	DEPTH
WIDTH	TON
LITER	VOLUME

1 - Scacchi

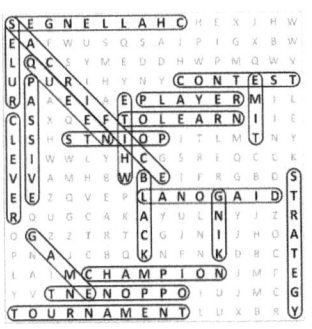

2 - Salute e Benessere #2

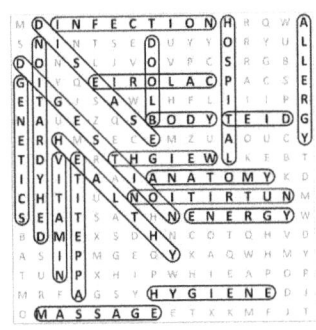

3 - Aggettivi #2

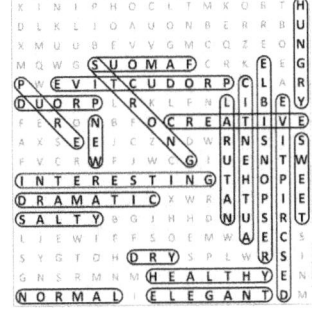

4 - Ingegneria

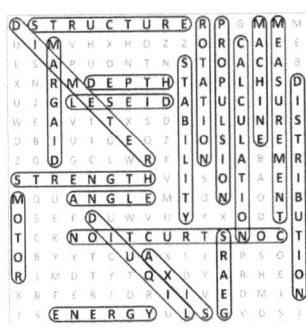

5 - Archeologia

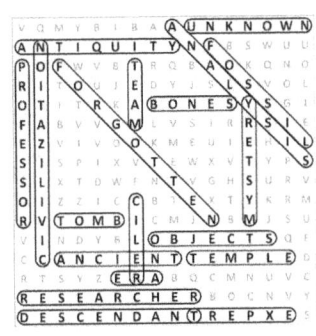

6 - Salute e Benessere #1

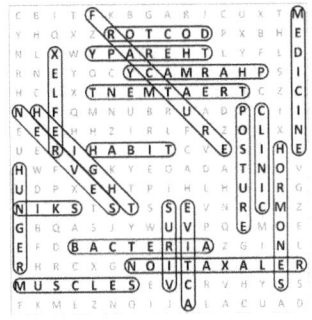

7 - Aggettivi #1

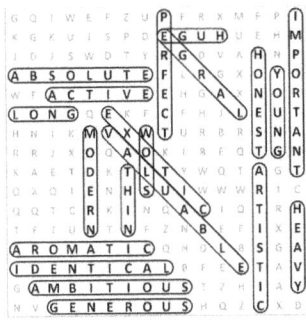

8 - Geologia

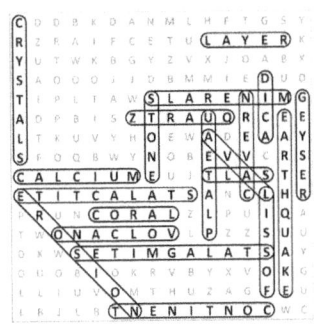

9 - Campeggio

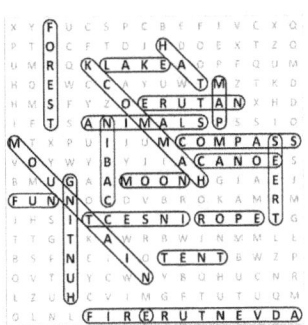

10 - Astronomia

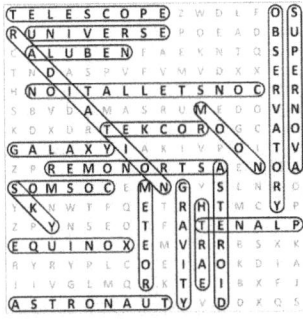

11 - Algebra

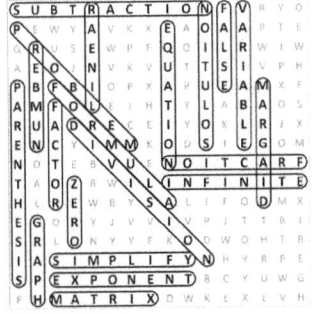

12 - Mitologia

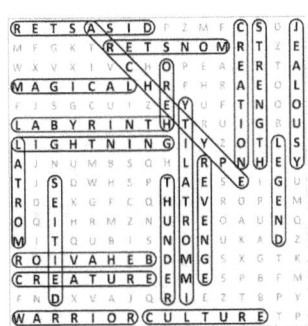

13 - Piante

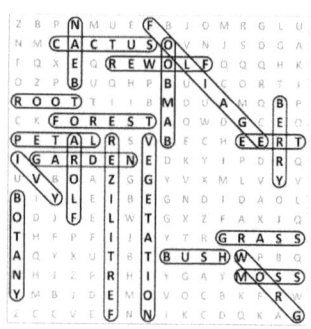

14 - Spezie

15 - Numeri

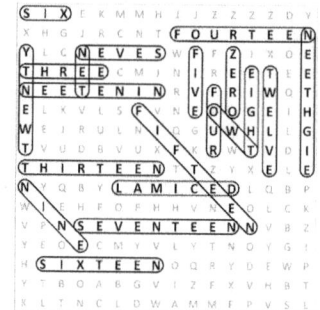

16 - Cioccolato

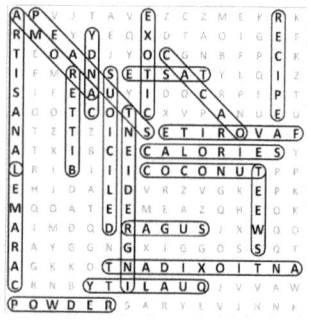

17 - Guida

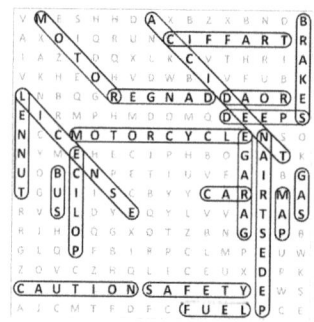

18 - I Media

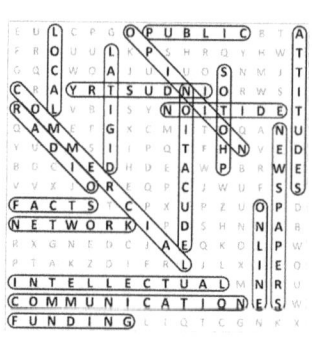

19 - Forza e Gravità

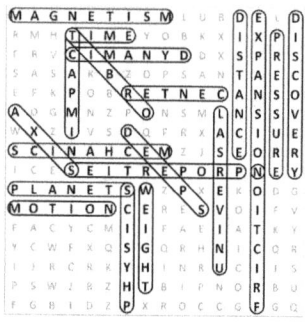

20 - Sport

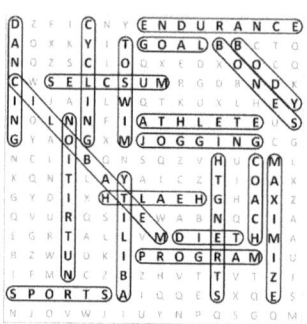

21 - Caffè

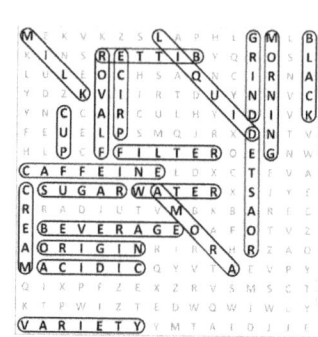

22 - Uccelli

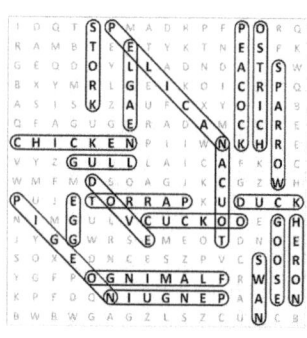

23 - Giorni e Mesi

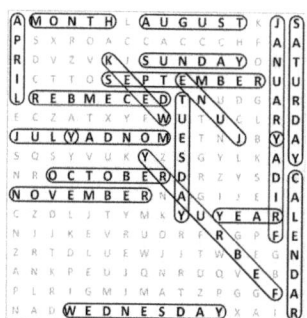

24 - Casa

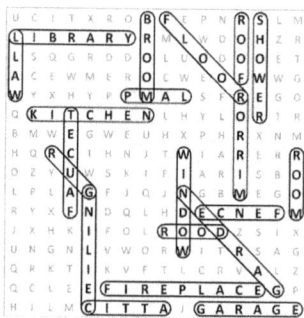

25 - Ristorante #1

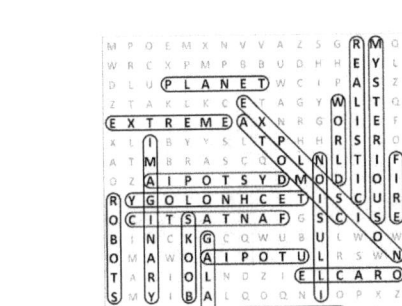

26 - Fantascienza

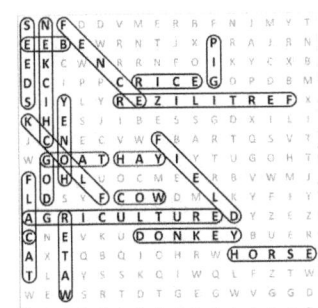

27 - Fattoria #1

28 - Psicologia

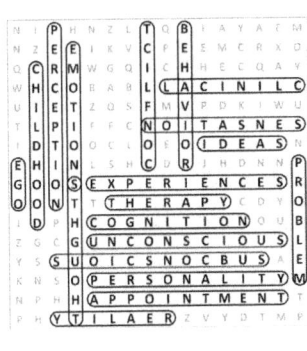

29 - Paesaggi

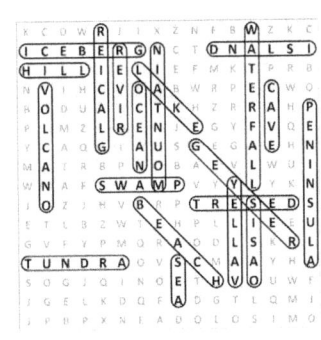

30 - Energia

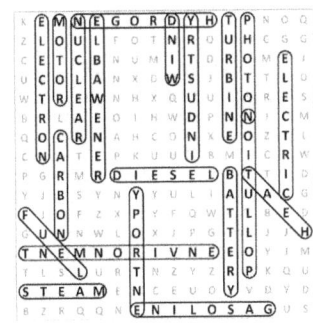

31 - Ristorante #2

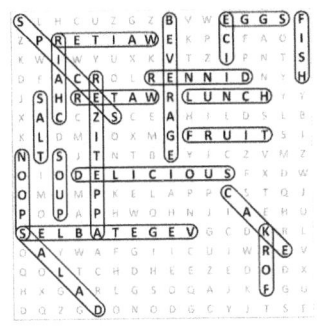

32 - Moda

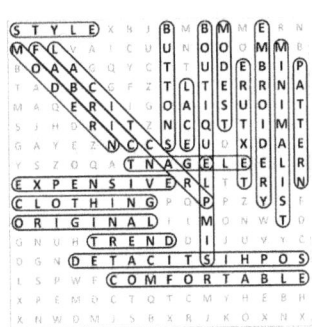
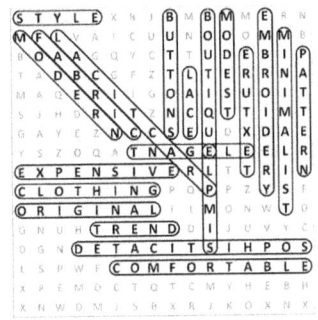

33 - L'Azienda

34 - Giardino

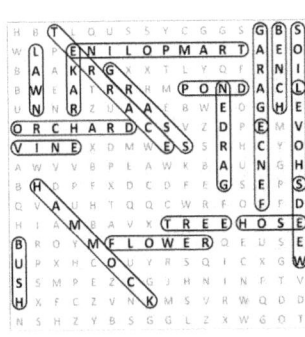

35 - Riscaldamento Gl

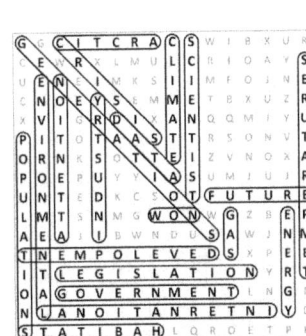
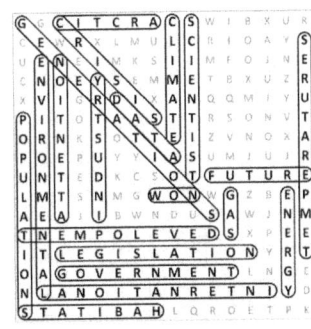

36 - Frutta

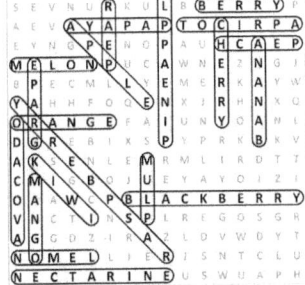

37 - Fattoria #2

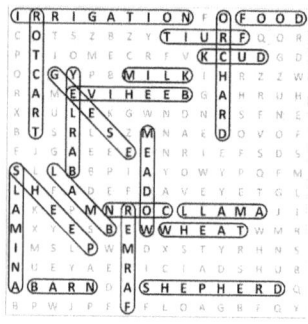

38 - Musica

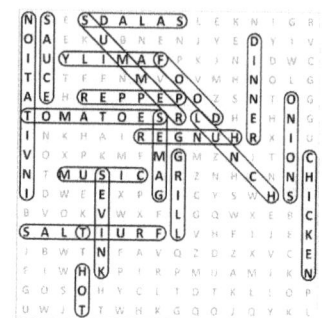

39 - Barbecue

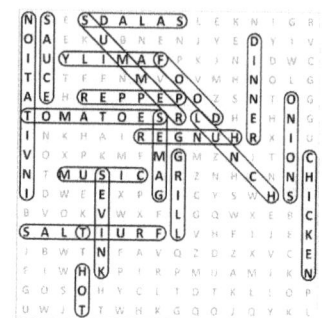

40 - Insetti

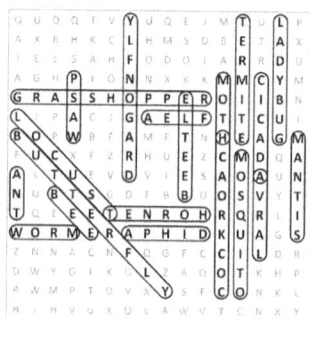

41 - Fisica

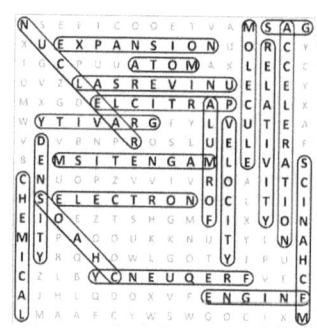

42 - Agronomia

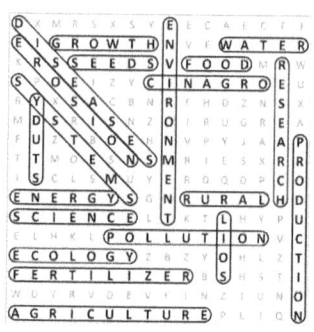

43 - Erboristeria

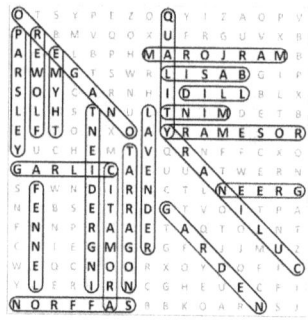

44 - Danza

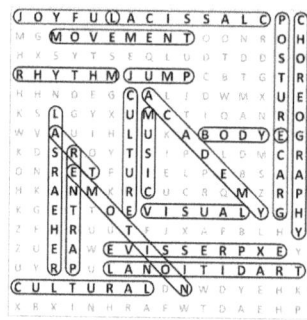

45 - Biologia

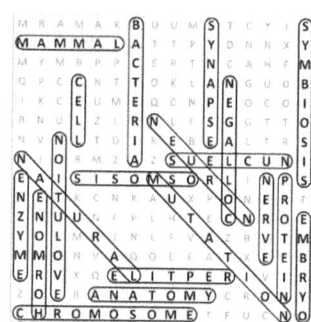

46 - Attività Commerciale

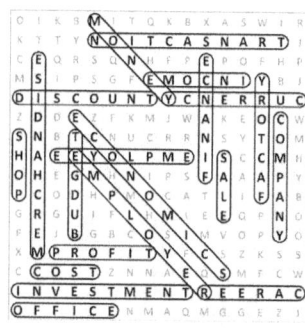

47 - Fiori

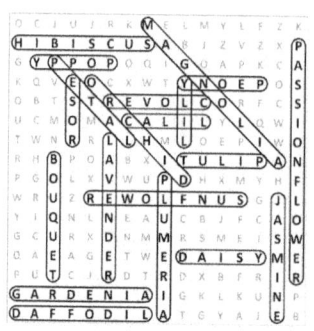

48 - Filantropia

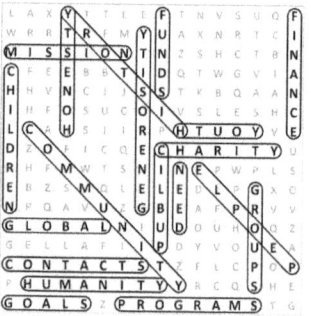

49 - Ecologia

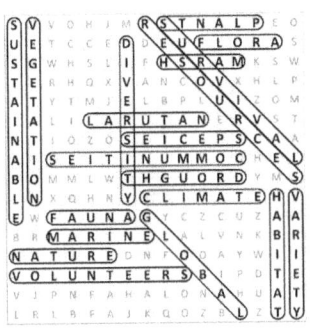

50 - Discipline Scientifiche

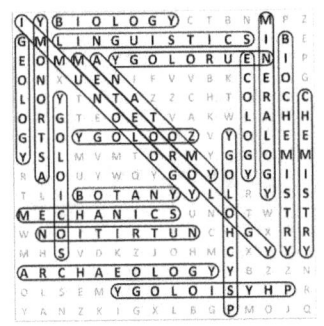

51 - Scienza

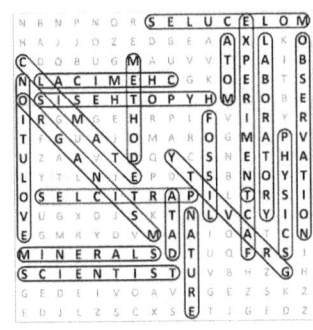

52 - Imbarcazioni

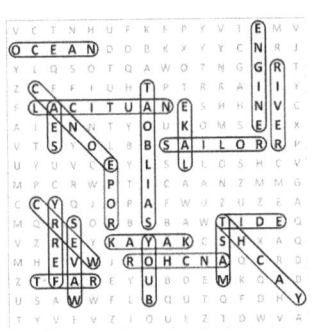

53 - Chimica

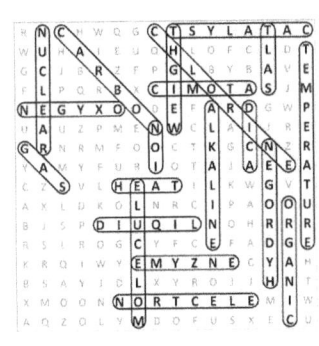

54 - Api

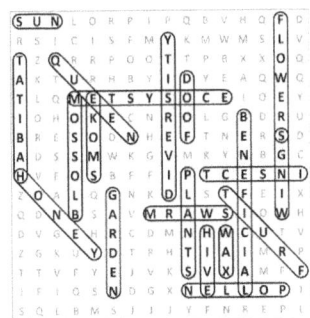

55 - Strumenti Musicali

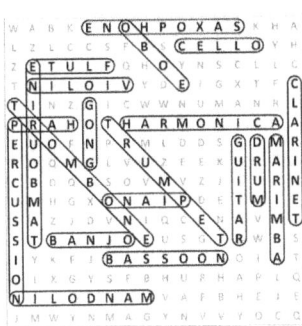

56 - Professioni #2

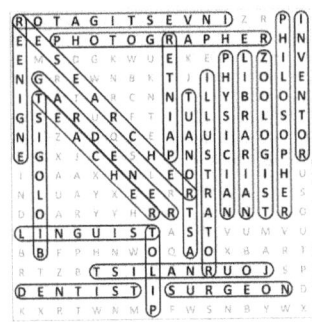

57 - Letteratura

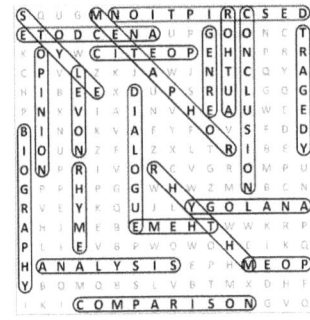

58 - Cibo #2

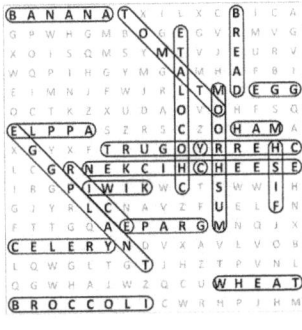

59 - Nutrizione

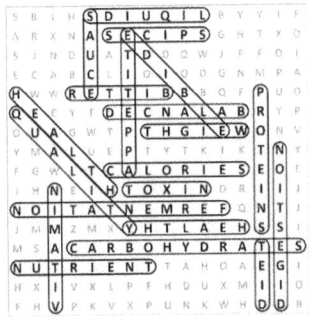

60 - Matematica

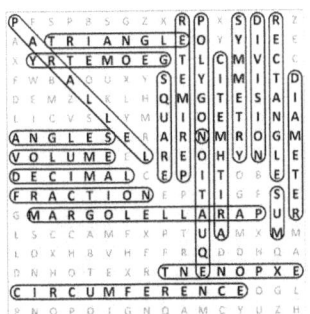

61 - Meditazione

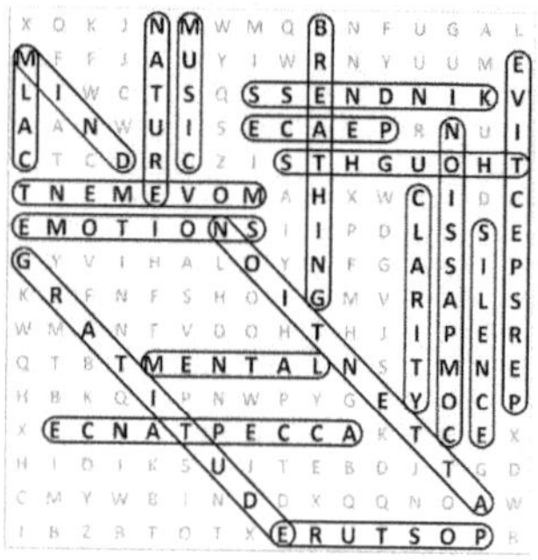

62 - Elettricità

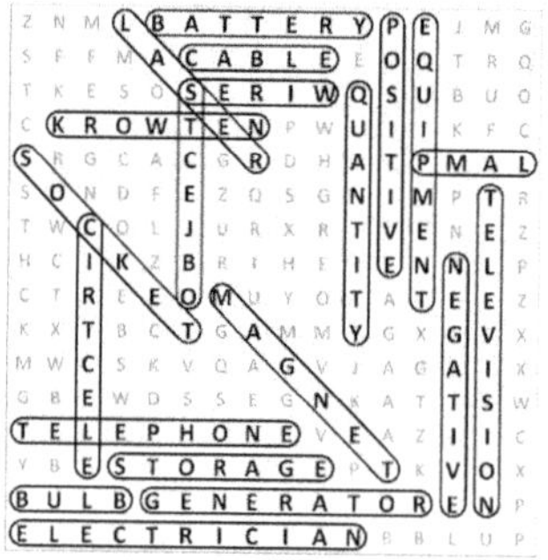

63 - Antiquariato

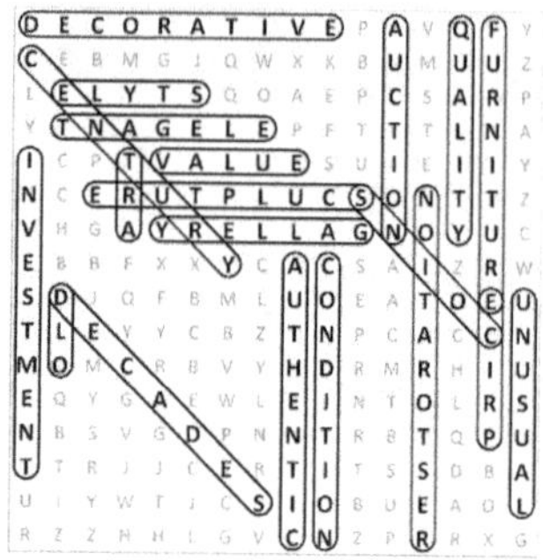

64 - Escursionismo

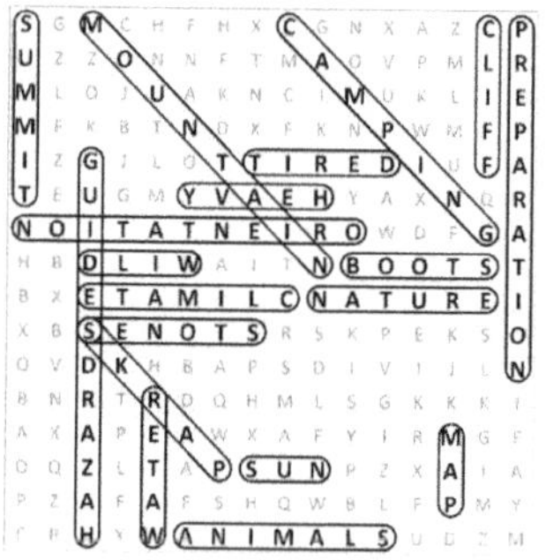

65 - Professioni #1

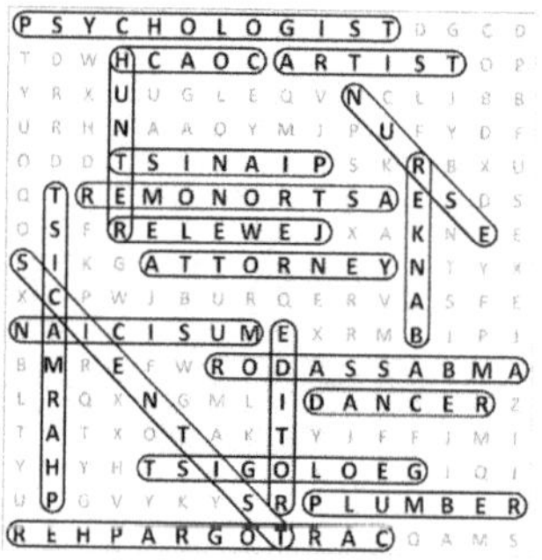

66 - Antartide

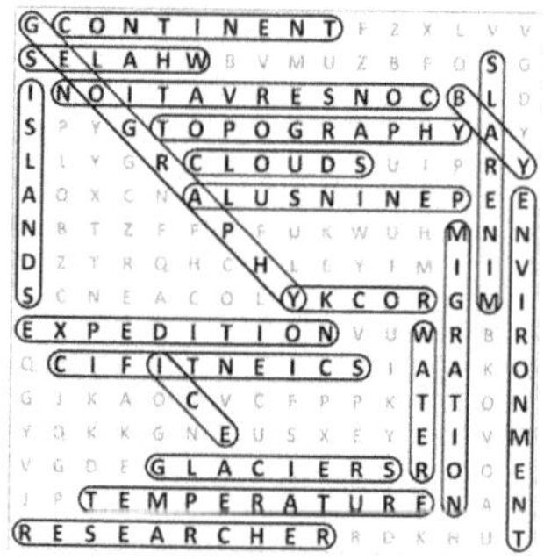

67 - Libri

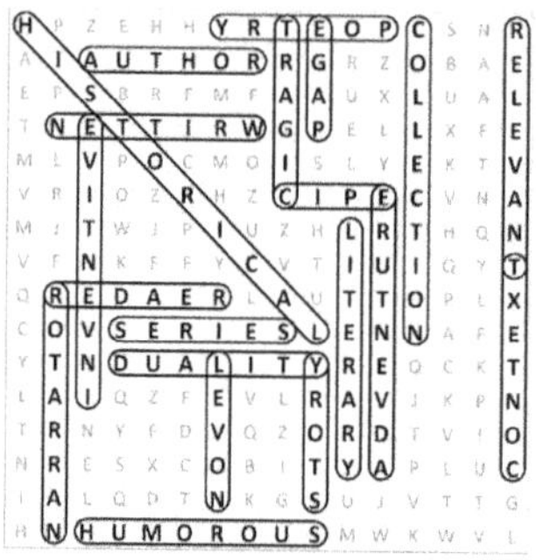

68 - Geografia

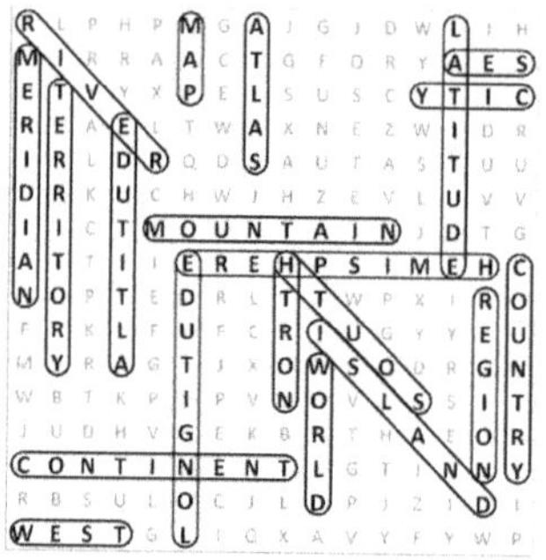

69 - Cibo #1

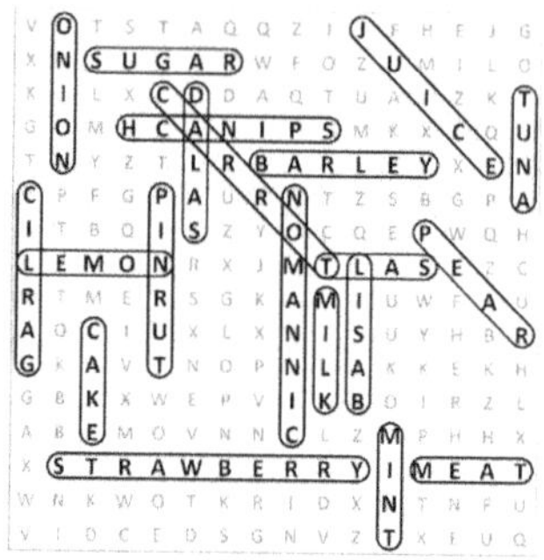

70 - Etica

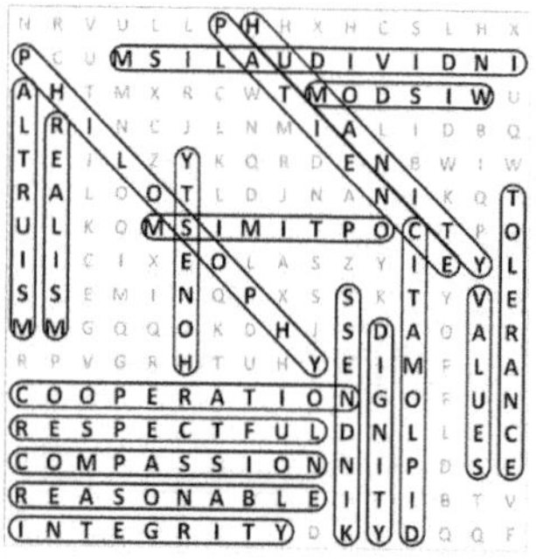

71 - Aeroplani

72 - Governo

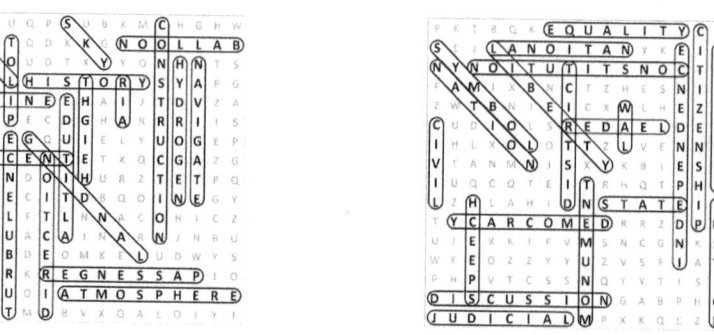

73 - Bellezza

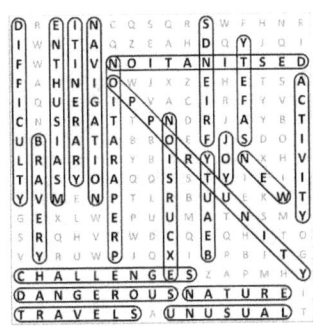

74 - Avventura

75 - Forme

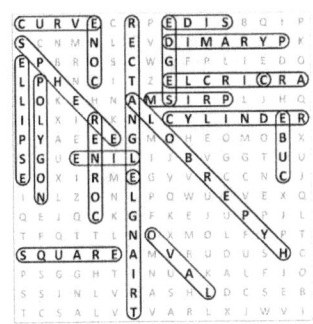

76 - Oceano

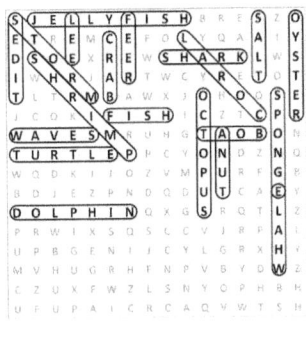

77 - Famiglia

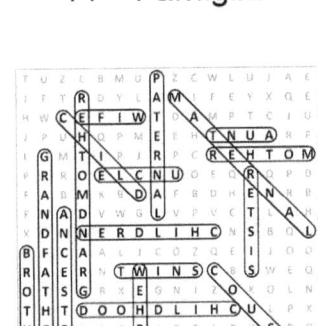

78 - Creatività

79 - Emozioni

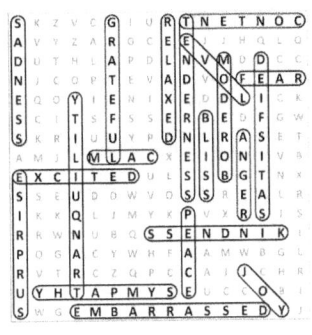

80 - Natura

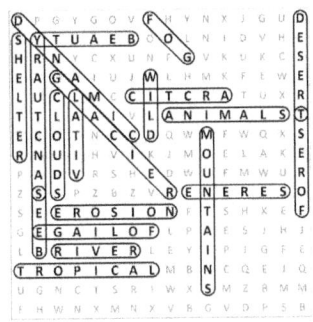

81 - Balletto

82 - Paesi #1

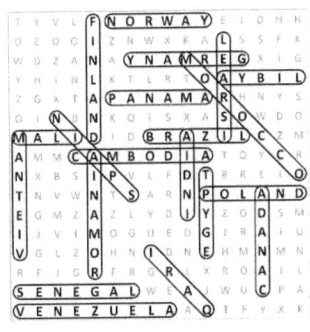

83 - Geometria

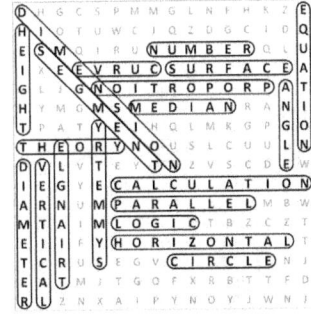

84 - Foresta Pluviale

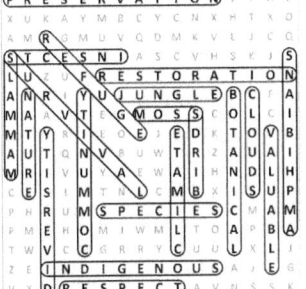

85 - Edifici

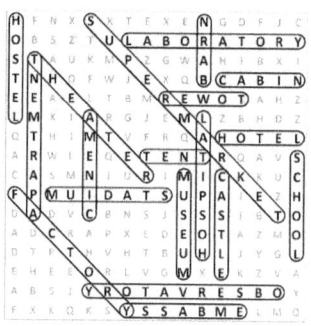

86 - Malattia

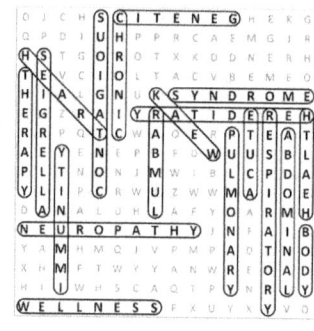

87 - Paesi #2

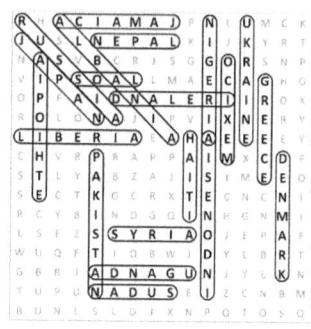

88 - Tipi di Capelli

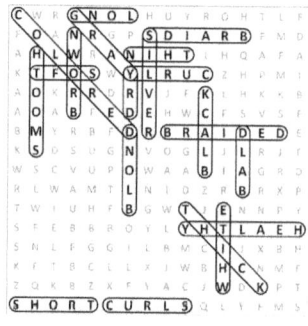

89 - Vestiti

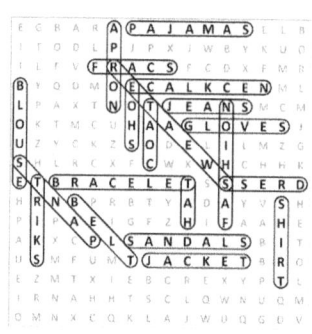

90 - Attività e Tempo Libero

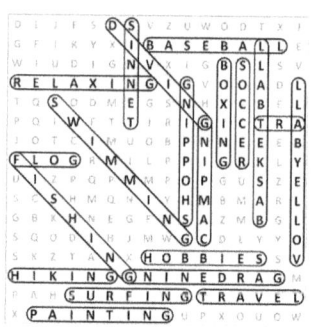

91 - Arte

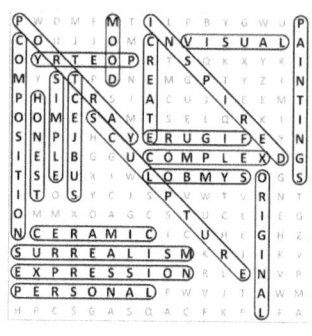

92 - Corpo Umano

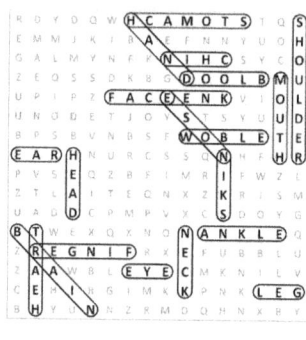

93 - Mammiferi

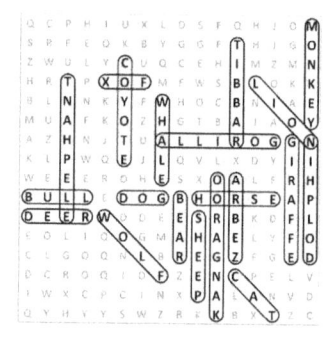

94 - Cucina

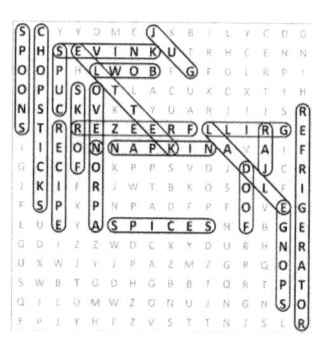

95 - Giardinaggio

96 - Jazz

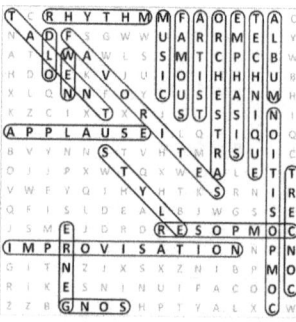

97 - Attività

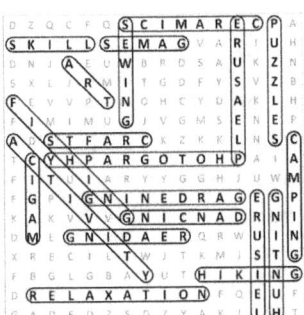

98 - Diplomazia

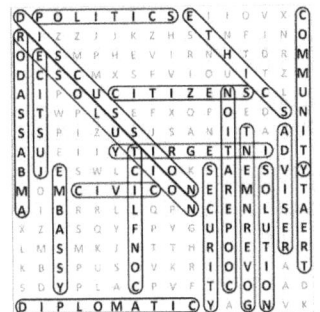

99 - Forniture Artistiche

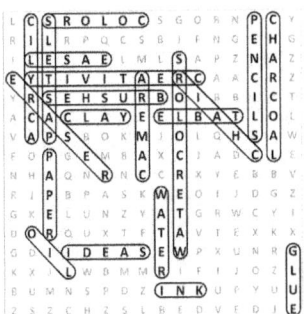

100 - Misurazioni

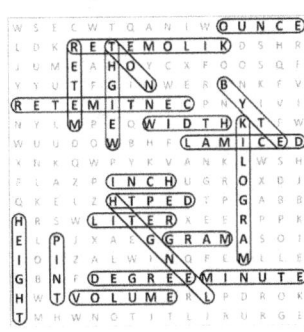

Dizionario

Aeroplani
Airplanes

Altezza	Height
Altitudine	Altitude
Aria	Air
Atmosfera	Atmosphere
Atterraggio	Landing
Avventura	Adventure
Carburante	Fuel
Cielo	Sky
Costruzione	Construction
Direzione	Direction
Discesa	Descent
Equipaggio	Crew
Idrogeno	Hydrogen
Motore	Engine
Navigare	Navigate
Palloncino	Balloon
Passeggero	Passenger
Pilota	Pilot
Storia	History
Turbolenza	Turbulence

Aggettivi #1
Adjectives #1

Ambizioso	Ambitious
Aromatico	Aromatic
Artistico	Artistic
Assoluto	Absolute
Attivo	Active
Enorme	Huge
Esotico	Exotic
Generoso	Generous
Giovane	Young
Grande	Large
Identico	Identical
Importante	Important
Lento	Slow
Lungo	Long
Moderno	Modern
Onesto	Honest
Perfetto	Perfect
Pesante	Heavy
Prezioso	Valuable
Sottile	Thin

Aggettivi #2
Adjectives #2

Affamato	Hungry
Asciutto	Dry
Autentico	Authentic
Creativo	Creative
Descrittivo	Descriptive
Dolce	Sweet
Drammatico	Dramatic
Elegante	Elegant
Famoso	Famous
Forte	Strong
Interessante	Interesting
Naturale	Natural
Normale	Normal
Nuovo	New
Orgoglioso	Proud
Produttivo	Productive
Puro	Pure
Responsabile	Responsible
Salato	Salty
Sano	Healthy

Agronomia
Agronomy

Acqua	Water
Agricoltura	Agriculture
Ambiente	Environment
Cibo	Food
Crescita	Growth
Ecologia	Ecology
Energia	Energy
Erosione	Erosion
Fertilizzante	Fertilizer
Inquinamento	Pollution
Malattie	Diseases
Organico	Organic
Produzione	Production
Ricerca	Research
Rurale	Rural
Scienza	Science
Semi	Seeds
Sistemi	Systems
Studio	Study
Suolo	Soil

Algebra
Algebra

Diagramma	Diagram
Divisione	Division
Equazione	Equation
Esponente	Exponent
Falso	False
Fattore	Factor
Formula	Formula
Frazione	Fraction
Grafico	Graph
Infinito	Infinite
Lineare	Linear
Matrice	Matrix
Numero	Number
Parentesi	Parenthesis
Problema	Problem
Semplificare	Simplify
Soluzione	Solution
Sottrazione	Subtraction
Variabile	Variable
Zero	Zero

Antartide
Antarctica

Acqua	Water
Ambiente	Environment
Baia	Bay
Balene	Whales
Conservazione	Conservation
Continente	Continent
Geografia	Geography
Ghiacciai	Glaciers
Ghiaccio	Ice
Isole	Islands
Migrazione	Migration
Minerali	Minerals
Nuvole	Clouds
Penisola	Peninsula
Ricercatore	Researcher
Roccioso	Rocky
Scientifico	Scientific
Spedizione	Expedition
Temperatura	Temperature
Topografia	Topography

Antiquariato
Antiques

Arte	Art
Asta	Auction
Autentico	Authentic
Condizione	Condition
Decenni	Decades
Decorativo	Decorative
Elegante	Elegant
Galleria	Gallery
Insolito	Unusual
Investimento	Investment
Mobilio	Furniture
Monete	Coins
Prezzo	Price
Qualità	Quality
Restauro	Restoration
Scultura	Sculpture
Secolo	Century
Stile	Style
Valore	Value
Vecchio	Old

Api
Bees

Ali	Wings
Alveare	Hive
Benefico	Beneficial
Cera	Wax
Cibo	Food
Diversità	Diversity
Ecosistema	Ecosystem
Fiori	Flowers
Fiorire	Blossom
Frutta	Fruit
Fumo	Smoke
Giardino	Garden
Habitat	Habitat
Insetto	Insect
Miele	Honey
Piante	Plants
Polline	Pollen
Regina	Queen
Sciame	Swarm
Sole	Sun

Archeologia
Archeology

Analisi	Analysis
Antichità	Antiquity
Antico	Ancient
Civiltà	Civilization
Dimenticato	Forgotten
Discendente	Descendant
Era	Era
Esperto	Expert
Fossile	Fossil
Mistero	Mystery
Oggetti	Objects
Ossa	Bones
Professore	Professor
Reliquia	Relic
Ricercatore	Researcher
Sconosciuto	Unknown
Squadra	Team
Tempio	Temple
Tomba	Tomb
Valutazione	Evaluation

Arte
Art

Ceramica	Ceramic
Complesso	Complex
Composizione	Composition
Creare	Create
Dipinti	Paintings
Espressione	Expression
Figura	Figure
Ispirato	Inspired
Onesto	Honest
Originale	Original
Personale	Personal
Poesia	Poetry
Ritrarre	Portray
Scultura	Sculpture
Semplice	Simple
Simbolo	Symbol
Soggetto	Subject
Surrealismo	Surrealism
Umore	Mood
Visivo	Visual

Astronomia
Astronomy

Asteroide	Asteroid
Astronauta	Astronaut
Astronomo	Astronomer
Cielo	Sky
Cosmo	Cosmos
Costellazione	Constellation
Equinozio	Equinox
Galassia	Galaxy
Gravità	Gravity
Luna	Moon
Meteora	Meteor
Nebulosa	Nebula
Osservatorio	Observatory
Pianeta	Planet
Radiazione	Radiation
Razzo	Rocket
Supernova	Supernova
Telescopio	Telescope
Terra	Earth
Universo	Universe

Attività
Activities

Abilità	Skill
Arte	Art
Artigianato	Crafts
Attività	Activity
Caccia	Hunting
Campeggio	Camping
Ceramica	Ceramics
Cucire	Sewing
Danza	Dancing
Escursioni	Hiking
Fotografia	Photography
Giardinaggio	Gardening
Giochi	Games
Lettura	Reading
Magia	Magic
Pesca	Fishing
Piacere	Pleasure
Puzzle	Puzzles
Rilassamento	Relaxation
Tempo Libero	Leisure

Attività Commerciale
Business

Bilancio	Budget
Carriera	Career
Costo	Cost
Datore di Lavoro	Employer
Dipendente	Employee
Economia	Economics
Fabbrica	Factory
Finanza	Finance
Investimento	Investment
Merce	Merchandise
Negozio	Shop
Profitto	Profit
Reddito	Income
Sconto	Discount
Società	Company
Soldi	Money
Transazione	Transaction
Ufficio	Office
Valuta	Currency
Vendita	Sale

Attività e Tempo Libero
Activities and Leisure

Arte	Art
Baseball	Baseball
Basket	Basketball
Boxe	Boxing
Calcio	Soccer
Campeggio	Camping
Escursioni	Hiking
Giardinaggio	Gardening
Golf	Golf
Hobby	Hobbies
Immersione	Diving
Nuoto	Swimming
Pallavolo	Volleyball
Pesca	Fishing
Pittura	Painting
Rilassante	Relaxing
Shopping	Shopping
Surf	Surfing
Tennis	Tennis
Viaggio	Travel

Avventura
Adventure

Amici	Friends
Attività	Activity
Bellezza	Beauty
Coraggio	Bravery
Destinazione	Destination
Difficoltà	Difficulty
Entusiasmo	Enthusiasm
Escursione	Excursion
Gioia	Joy
Insolito	Unusual
Itinerario	Itinerary
Natura	Nature
Navigazione	Navigation
Nuovo	New
Opportunità	Opportunity
Pericoloso	Dangerous
Preparazione	Preparation
Sfide	Challenges
Sicurezza	Safety
Viaggi	Travels

Balletto
Ballet

Abilità	Skill
Applauso	Applause
Artistico	Artistic
Ballerina	Ballerina
Ballerini	Dancers
Compositore	Composer
Coreografia	Choreography
Espressivo	Expressive
Gesto	Gesture
Grazioso	Graceful
Intensità	Intensity
Muscoli	Muscles
Musica	Music
Orchestra	Orchestra
Pratica	Practice
Prova	Rehearsal
Pubblico	Audience
Ritmo	Rhythm
Stile	Style
Tecnica	Technique

Barbecue
Barbecues

Caldo	Hot
Cena	Dinner
Cibo	Food
Cipolle	Onions
Coltelli	Knives
Estate	Summer
Fame	Hunger
Famiglia	Family
Frutta	Fruit
Giochi	Games
Griglia	Grill
Insalate	Salads
Invito	Invitation
Musica	Music
Pepe	Pepper
Pollo	Chicken
Pomodori	Tomatoes
Pranzo	Lunch
Sale	Salt
Salsa	Sauce

Bellezza
Beauty

Colore	Color
Cosmetici	Cosmetics
Elegante	Elegant
Eleganza	Elegance
Fascino	Charm
Forbici	Scissors
Fotogenico	Photogenic
Fragranza	Fragrance
Grazia	Grace
Mascara	Mascara
Oli	Oils
Pelle	Skin
Prodotti	Products
Profumo	Scent
Riccioli	Curls
Rossetto	Lipstick
Servizi	Services
Shampoo	Shampoo
Specchio	Mirror
Stilista	Stylist

Biologia
Biology

Anatomia	Anatomy
Batteri	Bacteria
Cellula	Cell
Collagene	Collagen
Cromosoma	Chromosome
Embrione	Embryo
Enzima	Enzyme
Evoluzione	Evolution
Mammifero	Mammal
Mutazione	Mutation
Naturale	Natural
Nervo	Nerve
Neurone	Neuron
Nucleo	Nucleus
Ormone	Hormone
Osmosi	Osmosis
Proteina	Protein
Rettile	Reptile
Simbiosi	Symbiosis
Sinapsi	Synapse

Caffè
Coffee

Acido	Acidic
Acqua	Water
Amaro	Bitter
Aroma	Aroma
Arrostito	Roasted
Bevanda	Beverage
Caffeina	Caffeine
Crema	Cream
Filtro	Filter
Gusto	Flavor
Latte	Milk
Liquido	Liquid
Macinare	Grind
Mattina	Morning
Nero	Black
Origine	Origin
Prezzo	Price
Tazza	Cup
Varietà	Variety
Zucchero	Sugar

Campeggio
Camping

Alberi	Trees
Amaca	Hammock
Animali	Animals
Avventura	Adventure
Bussola	Compass
Cabina	Cabin
Caccia	Hunting
Canoa	Canoe
Cappello	Hat
Corda	Rope
Divertimento	Fun
Foresta	Forest
Fuoco	Fire
Insetto	Insect
Lago	Lake
Luna	Moon
Mappa	Map
Montagna	Mountain
Natura	Nature
Tenda	Tent

Casa
House

Attico	Attic
Biblioteca	Library
Camera	Room
Camino	Fireplace
Cucina	Kitchen
Doccia	Shower
Finestra	Window
Garage	Garage
Giardino	Garden
Lampada	Lamp
Parete	Wall
Pavimento	Floor
Porta	Door
Recinto	Fence
Rubinetto	Faucet
Scopa	Broom
Soffitto	Ceiling
Specchio	Mirror
Tappeto	Rug
Tetto	Roof

Chimica
Chemistry

Acido	Acid
Alcalino	Alkaline
Atomico	Atomic
Calore	Heat
Carbonio	Carbon
Catalizzatore	Catalyst
Cloro	Chlorine
Elettrone	Electron
Enzima	Enzyme
Gas	Gas
Idrogeno	Hydrogen
Ione	Ion
Liquido	Liquid
Molecola	Molecule
Nucleare	Nuclear
Organico	Organic
Ossigeno	Oxygen
Peso	Weight
Sale	Salt
Temperatura	Temperature

Cibo #1
Food #1

Aglio	Garlic
Basilico	Basil
Cannella	Cinnamon
Carne	Meat
Carota	Carrot
Cipolla	Onion
Fragola	Strawberry
Insalata	Salad
Latte	Milk
Limone	Lemon
Menta	Mint
Orzo	Barley
Pera	Pear
Rapa	Turnip
Sale	Salt
Spinaci	Spinach
Succo	Juice
Tonno	Tuna
Torta	Cake
Zucchero	Sugar

Cibo #2
Food #2

Banana	Banana
Broccolo	Broccoli
Ciliegia	Cherry
Cioccolato	Chocolate
Formaggio	Cheese
Fungo	Mushroom
Grano	Wheat
Kiwi	Kiwi
Mela	Apple
Melanzana	Eggplant
Pane	Bread
Pesce	Fish
Pollo	Chicken
Pomodoro	Tomato
Prosciutto	Ham
Riso	Rice
Sedano	Celery
Uovo	Egg
Uva	Grape
Yogurt	Yogurt

Cioccolato
Chocolate

Amaro	Bitter
Antiossidante	Antioxidant
Arachidi	Peanuts
Aroma	Aroma
Artigianale	Artisanal
Cacao	Cacao
Calorie	Calories
Caramella	Candy
Caramello	Caramel
Delizioso	Delicious
Dolce	Sweet
Esotico	Exotic
Gusto	Taste
Ingrediente	Ingredient
Noce di Cocco	Coconut
Polvere	Powder
Preferito	Favorite
Qualità	Quality
Ricetta	Recipe
Zucchero	Sugar

Corpo Umano
Human Body

Bocca	Mouth
Caviglia	Ankle
Cervello	Brain
Collo	Neck
Cuore	Heart
Dito	Finger
Faccia	Face
Gamba	Leg
Ginocchio	Knee
Gomito	Elbow
Mano	Hand
Mento	Chin
Naso	Nose
Occhio	Eye
Orecchio	Ear
Pelle	Skin
Sangue	Blood
Spalla	Shoulder
Stomaco	Stomach
Testa	Head

Creatività
Creativity

Abilità	Skill
Artistico	Artistic
Autenticità	Authenticity
Chiarezza	Clarity
Drammatico	Dramatic
Emozioni	Emotions
Espressione	Expression
Fluidità	Fluidity
Idee	Ideas
Immaginazione	Imagination
Immagine	Image
Impressione	Impression
Intensità	Intensity
Intuizione	Intuition
Inventivo	Inventive
Ispirazione	Inspiration
Sensazione	Sensation
Spontaneo	Spontaneous
Visioni	Visions
Vitalità	Vitality

Cucina
Kitchen

Bacchette	Chopsticks
Bollitore	Kettle
Brocca	Jug
Cibo	Food
Ciotola	Bowl
Coltelli	Knives
Congelatore	Freezer
Cucchiai	Spoons
Forchette	Forks
Forno	Oven
Frigorifero	Refrigerator
Grembiule	Apron
Griglia	Grill
Mestolo	Ladle
Ricetta	Recipe
Spezie	Spices
Spugna	Sponge
Tazze	Cups
Tovagliolo	Napkin
Vaso	Jar

Danza
Dance

Accademia	Academy
Arte	Art
Classico	Classical
Compagno	Partner
Coreografia	Choreography
Corpo	Body
Cultura	Culture
Culturale	Cultural
Emozione	Emotion
Espressivo	Expressive
Gioioso	Joyful
Grazia	Grace
Movimento	Movement
Musica	Music
Postura	Posture
Prova	Rehearsal
Ritmo	Rhythm
Salto	Jump
Tradizionale	Traditional
Visivo	Visual

Diplomazia
Diplomacy

Ambasciata	Embassy
Ambasciatore	Ambassador
Cittadini	Citizens
Civico	Civic
Comunità	Community
Conflitto	Conflict
Consigliere	Adviser
Cooperazione	Cooperation
Diplomatico	Diplomatic
Discussione	Discussion
Etica	Ethics
Giustizia	Justice
Governo	Government
Integrità	Integrity
Politica	Politics
Risoluzione	Resolution
Sicurezza	Security
Soluzione	Solution
Trattato	Treaty
Umanitario	Humanitarian

Discipline Scientifiche
Scientific Disciplines

Anatomia	Anatomy
Archeologia	Archaeology
Astronomia	Astronomy
Biochimica	Biochemistry
Biologia	Biology
Botanica	Botany
Chimica	Chemistry
Ecologia	Ecology
Fisiologia	Physiology
Geologia	Geology
Immunologia	Immunology
Linguistica	Linguistics
Meccanica	Mechanics
Meteorologia	Meteorology
Mineralogia	Mineralogy
Neurologia	Neurology
Nutrizione	Nutrition
Psicologia	Psychology
Sociologia	Sociology
Zoologia	Zoology

Ecologia
Ecology

Clima	Climate
Comunità	Communities
Diversità	Diversity
Fauna	Fauna
Flora	Flora
Globale	Global
Habitat	Habitat
Marino	Marine
Natura	Nature
Naturale	Natural
Palude	Marsh
Piante	Plants
Risorse	Resources
Siccità	Drought
Sopravvivenza	Survival
Sostenibile	Sustainable
Specie	Species
Varietà	Variety
Vegetazione	Vegetation
Volontari	Volunteers

Edifici
Buildings

Ambasciata	Embassy
Appartamento	Apartment
Cabina	Cabin
Castello	Castle
Cinema	Cinema
Fabbrica	Factory
Fienile	Barn
Hotel	Hotel
Laboratorio	Laboratory
Museo	Museum
Ospedale	Hospital
Osservatorio	Observatory
Ostello	Hostel
Scuola	School
Stadio	Stadium
Supermercato	Supermarket
Teatro	Theater
Tenda	Tent
Torre	Tower
Università	University

Elettricità
Electricity

Attrezzatura	Equipment
Batteria	Battery
Cavo	Cable
Conservazione	Storage
Elettricista	Electrician
Elettrico	Electric
Fili	Wires
Generatore	Generator
Lampada	Lamp
Lampadina	Bulb
Laser	Laser
Magnete	Magnet
Negativo	Negative
Oggetti	Objects
Positivo	Positive
Presa	Socket
Quantità	Quantity
Rete	Network
Telefono	Telephone
Televisione	Television

Emozioni
Emotions

Amore	Love
Beatitudine	Bliss
Calma	Calm
Contenuto	Content
Eccitato	Excited
Gentilezza	Kindness
Gioia	Joy
Grato	Grateful
Imbarazzato	Embarrassed
Noia	Boredom
Pace	Peace
Paura	Fear
Rabbia	Anger
Rilassato	Relaxed
Simpatia	Sympathy
Soddisfatto	Satisfied
Sorpresa	Surprise
Tenerezza	Tenderness
Tranquillità	Tranquility
Tristezza	Sadness

Energia
Energy

Ambiente	Environment
Batteria	Battery
Benzina	Gasoline
Calore	Heat
Carbonio	Carbon
Carburante	Fuel
Diesel	Diesel
Elettrico	Electric
Elettrone	Electron
Entropia	Entropy
Fotone	Photon
Idrogeno	Hydrogen
Industria	Industry
Inquinamento	Pollution
Motore	Motor
Nucleare	Nuclear
Rinnovabile	Renewable
Turbina	Turbine
Vapore	Steam
Vento	Wind

Erboristeria
Herbalism

Aglio	Garlic
Aneto	Dill
Aromatico	Aromatic
Basilico	Basil
Culinario	Culinary
Dragoncello	Tarragon
Finocchio	Fennel
Fiore	Flower
Giardino	Garden
Ingrediente	Ingredient
Lavanda	Lavender
Maggiorana	Marjoram
Menta	Mint
Origano	Oregano
Prezzemolo	Parsley
Qualità	Quality
Rosmarino	Rosemary
Timo	Thyme
Verde	Green
Zafferano	Saffron

Escursionismo
Hiking

Acqua	Water
Animali	Animals
Campeggio	Camping
Clima	Climate
Guide	Guides
Mappa	Map
Montagna	Mountain
Natura	Nature
Orientamento	Orientation
Parchi	Parks
Pericoli	Hazards
Pesante	Heavy
Pietre	Stones
Preparazione	Preparation
Scogliera	Cliff
Selvaggio	Wild
Sole	Sun
Stanco	Tired
Stivali	Boots
Vertice	Summit

Etica
Ethics

Altruismo	Altruism
Compassione	Compassion
Cooperazione	Cooperation
Dignità	Dignity
Diplomatico	Diplomatic
Filosofia	Philosophy
Gentilezza	Kindness
Individualismo	Individualism
Integrità	Integrity
Onestà	Honesty
Ottimismo	Optimism
Pazienza	Patience
Ragionevole	Reasonable
Razionalità	Rationality
Realismo	Realism
Rispettoso	Respectful
Saggezza	Wisdom
Tolleranza	Tolerance
Umanità	Humanity
Valori	Values

Famiglia
Family

Antenato	Ancestor
Bambini	Children
Bambino	Child
Cugino	Cousin
Figlia	Daughter
Fratello	Brother
Gemelli	Twins
Infanzia	Childhood
Madre	Mother
Marito	Husband
Materno	Maternal
Moglie	Wife
Nipote	Nephew
Nonna	Grandmother
Nonno	Grandfather
Padre	Father
Paterno	Paternal
Sorella	Sister
Zia	Aunt
Zio	Uncle

Fantascienza
Science Fiction

Atomico	Atomic
Cinema	Cinema
Distopia	Dystopia
Esplosione	Explosion
Estremo	Extreme
Fantastico	Fantastic
Fuoco	Fire
Futuristico	Futuristic
Galassia	Galaxy
Illusione	Illusion
Immaginario	Imaginary
Libri	Books
Misterioso	Mysterious
Mondo	World
Oracolo	Oracle
Pianeta	Planet
Realistico	Realistic
Robot	Robots
Tecnologia	Technology
Utopia	Utopia

Fattoria #1
Farm #1

Acqua	Water
Agricoltura	Agriculture
Ape	Bee
Asino	Donkey
Campo	Field
Cane	Dog
Capra	Goat
Cavallo	Horse
Fertilizzante	Fertilizer
Fieno	Hay
Gatto	Cat
Gregge	Flock
Maiale	Pig
Miele	Honey
Mucca	Cow
Pollo	Chicken
Recinto	Fence
Riso	Rice
Semi	Seeds
Vitello	Calf

Fattoria #2
Farm #2

Agnello	Lamb
Agricoltore	Farmer
Alveare	Beehive
Anatra	Duck
Animali	Animals
Cibo	Food
Fienile	Barn
Frutta	Fruit
Frutteto	Orchard
Grano	Wheat
Irrigazione	Irrigation
Lama	Llama
Latte	Milk
Mais	Corn
Oche	Geese
Orzo	Barley
Pastore	Shepherd
Pecora	Sheep
Prato	Meadow
Trattore	Tractor

Filantropia
Philanthropy

Bambini	Children
Bisogno	Need
Carità	Charity
Comunità	Community
Contatti	Contacts
Finanza	Finance
Fondi	Funds
Generosità	Generosity
Gioventù	Youth
Globale	Global
Gruppi	Groups
Missione	Mission
Obiettivi	Goals
Onestà	Honesty
Persone	People
Programmi	Programs
Pubblico	Public
Sfide	Challenges
Storia	History
Umanità	Humanity

Fiori
Flowers

Gardenia	Gardenia
Gelsomino	Jasmine
Giglio	Lily
Girasole	Sunflower
Ibisco	Hibiscus
Lavanda	Lavender
Lilla	Lilac
Magnolia	Magnolia
Margherita	Daisy
Mazzo	Bouquet
Narciso	Daffodil
Orchidea	Orchid
Papavero	Poppy
Passiflora	Passionflower
Peonia	Peony
Petalo	Petal
Plumeria	Plumeria
Rosa	Rose
Trifoglio	Clover
Tulipano	Tulip

Fisica
Physics

Accelerazione	Acceleration
Atomo	Atom
Caos	Chaos
Chimico	Chemical
Densità	Density
Elettrone	Electron
Espansione	Expansion
Formula	Formula
Frequenza	Frequency
Gas	Gas
Gravità	Gravity
Magnetismo	Magnetism
Meccanica	Mechanics
Molecola	Molecule
Motore	Engine
Nucleare	Nuclear
Particella	Particle
Relatività	Relativity
Universale	Universal
Velocità	Velocity

Foresta Pluviale
Rainforest

Anfibi	Amphibians
Botanico	Botanical
Clima	Climate
Comunità	Community
Diversità	Diversity
Giungla	Jungle
Indigeno	Indigenous
Insetti	Insects
Mammiferi	Mammals
Muschio	Moss
Natura	Nature
Nuvole	Clouds
Preservazione	Preservation
Prezioso	Valuable
Restauro	Restoration
Rifugio	Refuge
Rispetto	Respect
Sopravvivenza	Survival
Specie	Species
Uccelli	Birds

Forme
Shapes

Angolo	Corner
Arco	Arc
Bordi	Edges
Cerchio	Circle
Cilindro	Cylinder
Cono	Cone
Cubo	Cube
Curva	Curve
Ellisse	Ellipse
Iperbole	Hyperbola
Lato	Side
Linea	Line
Ovale	Oval
Piramide	Pyramid
Poligono	Polygon
Prisma	Prism
Quadrato	Square
Rettangolo	Rectangle
Sfera	Sphere
Triangolo	Triangle

Forniture Artistiche
Art Supplies

Acqua	Water
Acquerelli	Watercolors
Acrilico	Acrylic
Argilla	Clay
Carbone	Charcoal
Carta	Paper
Cavalletto	Easel
Colla	Glue
Colori	Colors
Creatività	Creativity
Gomma	Eraser
Idee	Ideas
Inchiostro	Ink
Matite	Pencils
Olio	Oil
Pastelli	Pastels
Sedia	Chair
Spazzole	Brushes
Tavolo	Table
Telecamera	Camera

Forza e Gravità
Force and Gravity

Asse	Axis
Attrito	Friction
Centro	Center
Dinamico	Dynamic
Distanza	Distance
Espansione	Expansion
Fisica	Physics
Impatto	Impact
Magnetismo	Magnetism
Meccanica	Mechanics
Movimento	Motion
Orbita	Orbit
Peso	Weight
Pianeti	Planets
Pressione	Pressure
Proprietà	Properties
Scoperta	Discovery
Tempo	Time
Universale	Universal
Velocità	Speed

Frutta
Fruit

Albicocca	Apricot
Ananas	Pineapple
Arancia	Orange
Avocado	Avocado
Bacca	Berry
Banana	Banana
Ciliegia	Cherry
Kiwi	Kiwi
Lampone	Raspberry
Limone	Lemon
Mango	Mango
Mela	Apple
Melone	Melon
Mora	Blackberry
Nettarina	Nectarine
Papaia	Papaya
Pera	Pear
Pesca	Peach
Prugna	Plum
Uva	Grape

Geografia
Geography

Altitudine	Altitude
Atlante	Atlas
Città	City
Continente	Continent
Emisfero	Hemisphere
Fiume	River
Isola	Island
Latitudine	Latitude
Longitudine	Longitude
Mappa	Map
Mare	Sea
Meridiano	Meridian
Mondo	World
Montagna	Mountain
Nord	North
Ovest	West
Paese	Country
Regione	Region
Sud	South
Territorio	Territory

Geologia
Geology

Acido	Acid
Altopiano	Plateau
Calcio	Calcium
Caverna	Cavern
Continente	Continent
Corallo	Coral
Cristalli	Crystals
Erosione	Erosion
Fossile	Fossil
Geyser	Geyser
Lava	Lava
Minerali	Minerals
Pietra	Stone
Quarzo	Quartz
Sale	Salt
Stalagmiti	Stalagmites
Stalattite	Stalactite
Strato	Layer
Terremoto	Earthquake
Vulcano	Volcano

Geometria
Geometry

Altezza	Height
Angolo	Angle
Calcolo	Calculation
Cerchio	Circle
Curva	Curve
Diametro	Diameter
Dimensione	Dimension
Equazione	Equation
Logica	Logic
Mediano	Median
Numero	Number
Orizzontale	Horizontal
Parallelo	Parallel
Proporzione	Proportion
Segmento	Segment
Simmetria	Symmetry
Superficie	Surface
Teoria	Theory
Triangolo	Triangle
Verticale	Vertical

Giardinaggio
Gardening

Acqua	Water
Botanico	Botanical
Clima	Climate
Commestibile	Edible
Compost	Compost
Contenitore	Container
Esotico	Exotic
Fiorire	Blossom
Floreale	Floral
Foglia	Leaf
Fogliame	Foliage
Frutteto	Orchard
Mazzo	Bouquet
Semi	Seeds
Specie	Species
Sporco	Dirt
Stagionale	Seasonal
Suolo	Soil
Tubo	Hose
Umidità	Moisture

Giardino
Garden

Albero	Tree
Amaca	Hammock
Cespuglio	Bush
Erba	Grass
Erbacce	Weeds
Fiore	Flower
Frutteto	Orchard
Garage	Garage
Giardino	Garden
Pala	Shovel
Panca	Bench
Prato	Lawn
Rastrello	Rake
Recinto	Fence
Stagno	Pond
Suolo	Soil
Terrazza	Terrace
Trampolino	Trampoline
Tubo	Hose
Vite	Vine

Giorni e Mesi
Days and Months

Agosto	August
Anno	Year
Aprile	April
Calendario	Calendar
Dicembre	December
Domenica	Sunday
Febbraio	February
Gennaio	January
Giugno	June
Luglio	July
Lunedì	Monday
Martedì	Tuesday
Mercoledì	Wednesday
Mese	Month
Novembre	November
Ottobre	October
Sabato	Saturday
Settembre	September
Settimana	Week
Venerdì	Friday

Governo
Government

Capo	Leader
Cittadinanza	Citizenship
Civile	Civil
Costituzione	Constitution
Democrazia	Democracy
Discorso	Speech
Discussione	Discussion
Giudiziario	Judicial
Giustizia	Justice
Indipendenza	Independence
Legge	Law
Libertà	Liberty
Monumento	Monument
Nazionale	National
Nazione	Nation
Politica	Politics
Quartiere	District
Simbolo	Symbol
Stato	State
Uguaglianza	Equality

Guida
Driving

Attenzione	Caution
Auto	Car
Autobus	Bus
Carburante	Fuel
Freni	Brakes
Garage	Garage
Gas	Gas
Incidente	Accident
Licenza	License
Mappa	Map
Moto	Motorcycle
Motore	Motor
Pedonale	Pedestrian
Pericolo	Danger
Polizia	Police
Sicurezza	Safety
Strada	Road
Traffico	Traffic
Tunnel	Tunnel
Velocità	Speed

I Media
The Media

Atteggiamenti	Attitudes
Commerciale	Commercial
Comunicazione	Communication
Digitale	Digital
Edizione	Edition
Educazione	Education
Fatti	Facts
Finanziamento	Funding
Foto	Photos
Giornali	Newspapers
Individuale	Individual
Industria	Industry
Intellettuale	Intellectual
Locale	Local
Online	Online
Opinione	Opinion
Pubblico	Public
Radio	Radio
Rete	Network
Televisione	Television

Imbarcazioni
Boats

Albero	Mast
Ancora	Anchor
Barca a Vela	Sailboat
Boa	Buoy
Canoa	Canoe
Corda	Rope
Equipaggio	Crew
Fiume	River
Kayak	Kayak
Lago	Lake
Mare	Sea
Marea	Tide
Marinaio	Sailor
Motore	Engine
Nautico	Nautical
Oceano	Ocean
Onde	Waves
Traghetto	Ferry
Yacht	Yacht
Zattera	Raft

Ingegneria
Engineering

Angolo	Angle
Asse	Axis
Calcolo	Calculation
Costruzione	Construction
Diagramma	Diagram
Diametro	Diameter
Diesel	Diesel
Distribuzione	Distribution
Energia	Energy
Forza	Strength
Ingranaggi	Gears
Liquido	Liquid
Macchina	Machine
Misurazione	Measurement
Motore	Motor
Profondità	Depth
Propulsione	Propulsion
Rotazione	Rotation
Stabilità	Stability
Struttura	Structure

Insetti
Insects

Afide	Aphid
Ape	Bee
Calabrone	Hornet
Cavalletta	Grasshopper
Cicala	Cicada
Coccinella	Ladybug
Coleottero	Beetle
Falena	Moth
Farfalla	Butterfly
Formica	Ant
Larva	Larva
Libellula	Dragonfly
Locusta	Locust
Mantide	Mantis
Pulce	Flea
Scarafaggio	Cockroach
Termite	Termite
Verme	Worm
Vespa	Wasp
Zanzara	Mosquito

Jazz
Jazz

Album	Album
Applauso	Applause
Artista	Artist
Canzone	Song
Compositore	Composer
Composizione	Composition
Concerto	Concert
Enfasi	Emphasis
Famoso	Famous
Genere	Genre
Improvvisazione	Improvisation
Musica	Music
Nuovo	New
Orchestra	Orchestra
Preferiti	Favorites
Ritmo	Rhythm
Stile	Style
Talento	Talent
Tecnica	Technique
Vecchio	Old

L'Azienda
The Company

Creativo	Creative
Decisione	Decision
Globale	Global
Industria	Industry
Innovativo	Innovative
Investimento	Investment
Occupazione	Employment
Possibilità	Possibility
Presentazione	Presentation
Prodotto	Product
Professionale	Professional
Progresso	Progress
Qualità	Quality
Reddito	Revenue
Reputazione	Reputation
Rischi	Risks
Risorse	Resources
Salari	Wages
Tendenze	Trends
Unità	Units

Letteratura
Literature

Analisi	Analysis
Analogia	Analogy
Aneddoto	Anecdote
Autore	Author
Biografia	Biography
Conclusione	Conclusion
Confronto	Comparison
Descrizione	Description
Dialogo	Dialogue
Genere	Genre
Metafora	Metaphor
Opinione	Opinion
Poesia	Poem
Poetico	Poetic
Rima	Rhyme
Ritmo	Rhythm
Romanzo	Novel
Stile	Style
Tema	Theme
Tragedia	Tragedy

Libri
Books

Autore	Author
Avventura	Adventure
Collezione	Collection
Contesto	Context
Dualità	Duality
Epico	Epic
Inventivo	Inventive
Letterario	Literary
Lettore	Reader
Narratore	Narrator
Pagina	Page
Poesia	Poetry
Rilevante	Relevant
Romanzo	Novel
Scritto	Written
Serie	Series
Storia	Story
Storico	Historical
Tragico	Tragic
Umoristico	Humorous

Malattia
Disease

Acuto	Acute
Addominale	Abdominal
Allergie	Allergies
Benessere	Wellness
Contagioso	Contagious
Corpo	Body
Cronico	Chronic
Cuore	Heart
Debole	Weak
Ereditario	Hereditary
Genetico	Genetic
Immunità	Immunity
Infiammazione	Inflammation
Lombare	Lumbar
Neuropatia	Neuropathy
Polmonare	Pulmonary
Respiratorio	Respiratory
Salute	Health
Sindrome	Syndrome
Terapia	Therapy

Mammiferi
Mammals

Balena	Whale
Cane	Dog
Canguro	Kangaroo
Cavallo	Horse
Cervo	Deer
Coniglio	Rabbit
Coyote	Coyote
Delfino	Dolphin
Elefante	Elephant
Gatto	Cat
Giraffa	Giraffe
Gorilla	Gorilla
Leone	Lion
Lupo	Wolf
Orso	Bear
Pecora	Sheep
Scimmia	Monkey
Toro	Bull
Volpe	Fox
Zebra	Zebra

Matematica
Math

Angoli	Angles
Aritmetica	Arithmetic
Circonferenza	Circumference
Decimale	Decimal
Diametro	Diameter
Divisione	Division
Equazione	Equation
Esponente	Exponent
Frazione	Fraction
Geometria	Geometry
Parallelo	Parallel
Parallelogramma	Parallelogram
Perimetro	Perimeter
Poligono	Polygon
Quadrato	Square
Rettangolo	Rectangle
Simmetria	Symmetry
Somma	Sum
Triangolo	Triangle
Volume	Volume

Meditazione
Meditation

Accettazione	Acceptance
Attenzione	Attention
Calma	Calm
Chiarezza	Clarity
Compassione	Compassion
Emozioni	Emotions
Gentilezza	Kindness
Gratitudine	Gratitude
Mentale	Mental
Mente	Mind
Movimento	Movement
Musica	Music
Natura	Nature
Osservazione	Observation
Pace	Peace
Pensieri	Thoughts
Postura	Posture
Prospettiva	Perspective
Respirazione	Breathing
Silenzio	Silence

Misurazioni
Measurements

Altezza	Height
Byte	Byte
Centimetro	Centimeter
Chilogrammo	Kilogram
Chilometro	Kilometer
Decimale	Decimal
Grado	Degree
Grammo	Gram
Larghezza	Width
Litro	Liter
Lunghezza	Length
Metro	Meter
Minuto	Minute
Oncia	Ounce
Peso	Weight
Pinta	Pint
Pollice	Inch
Profondità	Depth
Tonnellata	Ton
Volume	Volume

Mitologia
Mythology

Archetipo	Archetype
Comportamento	Behavior
Creatura	Creature
Creazione	Creation
Cultura	Culture
Disastro	Disaster
Divinità	Deities
Eroe	Hero
Forza	Strength
Fulmine	Lightning
Gelosia	Jealousy
Guerriero	Warrior
Immortalità	Immortality
Labirinto	Labyrinth
Leggenda	Legend
Magico	Magical
Mortale	Mortal
Mostro	Monster
Tuono	Thunder
Vendetta	Revenge

Moda
Fashion

Abbigliamento	Clothing
Boutique	Boutique
Caro	Expensive
Confortevole	Comfortable
Elegante	Elegant
Minimalista	Minimalist
Modello	Pattern
Moderno	Modern
Modesto	Modest
Originale	Original
Pizzo	Lace
Pratico	Practical
Pulsanti	Buttons
Ricamo	Embroidery
Semplice	Simple
Sofisticato	Sophisticated
Stile	Style
Tendenza	Trend
Tessuto	Fabric
Trama	Texture

Musica
Music

Album	Album
Armonia	Harmony
Armonico	Harmonic
Ballata	Ballad
Cantante	Singer
Cantare	Sing
Classico	Classical
Coro	Chorus
Lirico	Lyrical
Melodia	Melody
Microfono	Microphone
Musicale	Musical
Musicista	Musician
Opera	Opera
Poetico	Poetic
Registrazione	Recording
Ritmico	Rhythmic
Ritmo	Rhythm
Strumento	Instrument
Vocale	Vocal

Natura
Nature

Animali	Animals
Api	Bees
Artico	Arctic
Bellezza	Beauty
Deserto	Desert
Dinamico	Dynamic
Erosione	Erosion
Fiume	River
Fogliame	Foliage
Foresta	Forest
Ghiacciaio	Glacier
Montagne	Mountains
Nebbia	Fog
Nuvole	Clouds
Rifugio	Shelter
Santuario	Sanctuary
Selvaggio	Wild
Sereno	Serene
Tropicale	Tropical
Vitale	Vital

Numeri
Numbers

Cinque	Five
Decimale	Decimal
Diciannove	Nineteen
Diciassette	Seventeen
Diciotto	Eighteen
Dieci	Ten
Dodici	Twelve
Due	Two
Nove	Nine
Otto	Eight
Quattordici	Fourteen
Quattro	Four
Quindici	Fifteen
Sedici	Sixteen
Sei	Six
Sette	Seven
Tre	Three
Tredici	Thirteen
Venti	Twenty
Zero	Zero

Nutrizione
Nutrition

Amaro	Bitter
Appetito	Appetite
Bilanciato	Balanced
Calorie	Calories
Carboidrati	Carbohydrates
Commestibile	Edible
Dieta	Diet
Digestione	Digestion
Fermentazione	Fermentation
Liquidi	Liquids
Nutriente	Nutrient
Peso	Weight
Proteine	Proteins
Qualità	Quality
Salsa	Sauce
Salute	Health
Sano	Healthy
Spezie	Spices
Tossina	Toxin
Vitamina	Vitamin

Oceano
Ocean

Anguilla	Eel
Balena	Whale
Barca	Boat
Corallo	Coral
Delfino	Dolphin
Gamberetto	Shrimp
Granchio	Crab
Maree	Tides
Medusa	Jellyfish
Onde	Waves
Ostrica	Oyster
Pesce	Fish
Polpo	Octopus
Sale	Salt
Scogliera	Reef
Spugna	Sponge
Squalo	Shark
Tartaruga	Turtle
Tempesta	Storm
Tonno	Tuna

Paesaggi
Landscapes

Cascata	Waterfall
Collina	Hill
Deserto	Desert
Fiume	River
Geyser	Geyser
Ghiacciaio	Glacier
Grotta	Cave
Iceberg	Iceberg
Isola	Island
Lago	Lake
Mare	Sea
Montagna	Mountain
Oasi	Oasis
Oceano	Ocean
Palude	Swamp
Penisola	Peninsula
Spiaggia	Beach
Tundra	Tundra
Valle	Valley
Vulcano	Volcano

Paesi #1
Countries #1

Brasile	Brazil
Cambogia	Cambodia
Canada	Canada
Egitto	Egypt
Finlandia	Finland
Germania	Germany
India	India
Iraq	Iraq
Israele	Israel
Libia	Libya
Mali	Mali
Marocco	Morocco
Norvegia	Norway
Panama	Panama
Polonia	Poland
Romania	Romania
Senegal	Senegal
Spagna	Spain
Venezuela	Venezuela
Vietnam	Vietnam

Paesi #2
Countries #2

Albania	Albania
Danimarca	Denmark
Etiopia	Ethiopia
Giamaica	Jamaica
Giappone	Japan
Grecia	Greece
Haiti	Haiti
Indonesia	Indonesia
Irlanda	Ireland
Laos	Laos
Liberia	Liberia
Messico	Mexico
Nepal	Nepal
Nigeria	Nigeria
Pakistan	Pakistan
Russia	Russia
Siria	Syria
Sudan	Sudan
Ucraina	Ukraine
Uganda	Uganda

Piante
Plants

Albero	Tree
Bacca	Berry
Bambù	Bamboo
Botanica	Botany
Cactus	Cactus
Cespuglio	Bush
Crescere	Grow
Edera	Ivy
Erba	Grass
Fagiolo	Bean
Fertilizzante	Fertilizer
Fiore	Flower
Flora	Flora
Fogliame	Foliage
Foresta	Forest
Giardino	Garden
Muschio	Moss
Petalo	Petal
Radice	Root
Vegetazione	Vegetation

Professioni #1
Professions #1

Allenatore	Coach
Ambasciatore	Ambassador
Artista	Artist
Astronomo	Astronomer
Avvocato	Attorney
Ballerino	Dancer
Banchiere	Banker
Cacciatore	Hunter
Cartografo	Cartographer
Editore	Editor
Farmacista	Pharmacist
Geologo	Geologist
Gioielliere	Jeweler
Idraulico	Plumber
Infermiera	Nurse
Musicista	Musician
Pianista	Pianist
Psicologo	Psychologist
Scienziato	Scientist
Veterinario	Veterinarian

Professioni #2
Professions #2

Astronauta	Astronaut
Bibliotecario	Librarian
Biologo	Biologist
Chirurgo	Surgeon
Dentista	Dentist
Filosofo	Philosopher
Fotografo	Photographer
Giardiniere	Gardener
Giornalista	Journalist
Illustratore	Illustrator
Ingegnere	Engineer
Insegnante	Teacher
Inventore	Inventor
Investigatore	Investigator
Linguista	Linguist
Medico	Physician
Pilota	Pilot
Pittore	Painter
Ricercatore	Researcher
Zoologo	Zoologist

Psicologia
Psychology

Appuntamento	Appointment
Clinico	Clinical
Cognizione	Cognition
Comportamento	Behavior
Conflitto	Conflict
Ego	Ego
Emozioni	Emotions
Esperienze	Experiences
Idee	Ideas
Inconscio	Unconscious
Infanzia	Childhood
Pensieri	Thoughts
Percezione	Perception
Personalità	Personality
Problema	Problem
Realtà	Reality
Sensazione	Sensation
Subconscio	Subconscious
Terapia	Therapy
Valutazione	Assessment

Riscaldamento Globale
Global Warming

Ambientale	Environmental
Artico	Arctic
Attenzione	Attention
Clima	Climate
Crisi	Crisis
Dati	Data
Energia	Energy
Futuro	Future
Gas	Gas
Generazioni	Generations
Governo	Government
Habitat	Habitats
Industria	Industry
Internazionale	International
Legislazione	Legislation
Ora	Now
Popolazioni	Populations
Scienziato	Scientist
Sviluppo	Development
Temperature	Temperatures

Ristorante #1
Restaurant #1

Allergia	Allergy
Caffè	Coffee
Cameriera	Waitress
Carne	Meat
Cassiere	Cashier
Cibo	Food
Ciotola	Bowl
Coltello	Knife
Cucina	Kitchen
Dessert	Dessert
Ingredienti	Ingredients
Mangiare	To Eat
Menù	Menu
Pane	Bread
Piatto	Plate
Piccante	Spicy
Pollo	Chicken
Prenotazione	Reservation
Salsa	Sauce
Tovagliolo	Napkin

Ristorante #2
Restaurant #2

Acqua	Water
Aperitivo	Appetizer
Bevanda	Beverage
Cameriere	Waiter
Cena	Dinner
Cucchiaio	Spoon
Delizioso	Delicious
Forchetta	Fork
Frutta	Fruit
Ghiaccio	Ice
Insalata	Salad
Minestra	Soup
Pesce	Fish
Pranzo	Lunch
Sale	Salt
Sedia	Chair
Spezie	Spices
Torta	Cake
Uova	Eggs
Verdure	Vegetables

Salute e Benessere #1
Health and Wellness #1

Abitudine	Habit
Altezza	Height
Attivo	Active
Batteri	Bacteria
Clinica	Clinic
Fame	Hunger
Farmacia	Pharmacy
Frattura	Fracture
Medicina	Medicine
Medico	Doctor
Muscoli	Muscles
Nervi	Nerves
Ormoni	Hormones
Pelle	Skin
Postura	Posture
Riflesso	Reflex
Rilassamento	Relaxation
Terapia	Therapy
Trattamento	Treatment
Virus	Virus

Salute e Benessere #2
Health and Wellness #2

Allergia	Allergy
Anatomia	Anatomy
Appetito	Appetite
Caloria	Calorie
Corpo	Body
Dieta	Diet
Digestione	Digestion
Disidratazione	Dehydration
Energia	Energy
Genetica	Genetics
Igiene	Hygiene
Infezione	Infection
Malattia	Disease
Massaggio	Massage
Nutrizione	Nutrition
Ospedale	Hospital
Peso	Weight
Sangue	Blood
Sano	Healthy
Vitamina	Vitamin

Scacchi
Chess

Avversario	Opponent
Bianco	White
Campione	Champion
Concorso	Contest
Diagonale	Diagonal
Giocatore	Player
Gioco	Game
Intelligente	Clever
Nero	Black
Passivo	Passive
Per Imparare	To Learn
Punti	Points
Re	King
Regina	Queen
Regole	Rules
Sacrificio	Sacrifice
Sfide	Challenges
Strategia	Strategy
Tempo	Time
Torneo	Tournament

Scienza
Science

Atomo	Atom
Chimico	Chemical
Clima	Climate
Dati	Data
Esperimento	Experiment
Evoluzione	Evolution
Fatto	Fact
Fisica	Physics
Fossile	Fossil
Gravità	Gravity
Ipotesi	Hypothesis
Laboratorio	Laboratory
Metodo	Method
Minerali	Minerals
Molecole	Molecules
Natura	Nature
Organismo	Organism
Osservazione	Observation
Particelle	Particles
Scienziato	Scientist

Spezie
Spices

Aglio	Garlic
Amaro	Bitter
Anice	Anise
Cannella	Cinnamon
Cardamomo	Cardamom
Cipolla	Onion
Coriandolo	Coriander
Cumino	Cumin
Curcuma	Turmeric
Curry	Curry
Dolce	Sweet
Finocchio	Fennel
Liquirizia	Licorice
Noce Moscata	Nutmeg
Paprika	Paprika
Pepe	Pepper
Sale	Salt
Vaniglia	Vanilla
Zafferano	Saffron
Zenzero	Ginger

Sport
Sport

Allenatore	Coach
Atleta	Athlete
Capacità	Ability
Ciclismo	Cycling
Corpo	Body
Danza	Dancing
Dieta	Diet
Forza	Strength
Jogging	Jogging
Massimizzare	Maximize
Metabolico	Metabolic
Muscoli	Muscles
Nuotare	To Swim
Nutrizione	Nutrition
Obiettivo	Goal
Ossa	Bones
Programma	Program
Resistenza	Endurance
Salute	Health
Sportivo	Sports

Strumenti Musicali
Musical Instruments

Armonica	Harmonica
Arpa	Harp
Banjo	Banjo
Chitarra	Guitar
Clarinetto	Clarinet
Fagotto	Bassoon
Flauto	Flute
Gong	Gong
Mandolino	Mandolin
Marimba	Marimba
Oboe	Oboe
Percussione	Percussion
Pianoforte	Piano
Sassofono	Saxophone
Tamburello	Tambourine
Tamburo	Drum
Tromba	Trumpet
Trombone	Trombone
Violino	Violin
Violoncello	Cello

Tipi di Capelli
Hair Types

Argento	Silver
Asciutto	Dry
Bianco	White
Biondo	Blond
Breve	Short
Calvo	Bald
Colorato	Colored
Grigio	Gray
Intrecciato	Braided
Liscio	Smooth
Lungo	Long
Marrone	Brown
Morbido	Soft
Nero	Black
Riccio	Curly
Riccioli	Curls
Sano	Healthy
Sottile	Thin
Spessore	Thick
Trecce	Braids

Uccelli
Birds

Airone	Heron
Anatra	Duck
Aquila	Eagle
Cicogna	Stork
Cigno	Swan
Colomba	Dove
Cuculo	Cuckoo
Fenicottero	Flamingo
Gabbiano	Gull
Oca	Goose
Pappagallo	Parrot
Passero	Sparrow
Pavone	Peacock
Pellicano	Pelican
Piccione	Pigeon
Pinguino	Penguin
Pollo	Chicken
Struzzo	Ostrich
Tucano	Toucan
Uovo	Egg

Vestiti
Clothes

Abito	Dress
Braccialetto	Bracelet
Camicetta	Blouse
Camicia	Shirt
Cappello	Hat
Cappotto	Coat
Cintura	Belt
Collana	Necklace
Giacca	Jacket
Gonna	Skirt
Grembiule	Apron
Guanti	Gloves
Jeans	Jeans
Maglione	Sweater
Moda	Fashion
Pantaloni	Pants
Pigiama	Pajamas
Sandali	Sandals
Scarpa	Shoe
Sciarpa	Scarf

Congratulazioni

Ce l'hai fatta!

Speriamo che questo libro vi sia piaciuto tanto quanto a noi è piaciuto concepirlo. Ci sforziamo di creare libri della più alta qualità possibile.
Questa edizione è progettata per fornire un apprendimento intelligente, di qualità e divertente!

Le è piaciuto questo libro?

Una Semplice Richiesta

Questi libri esistono grazie alle recensioni che pubblicate.

Puoi aiutarci lasciando una recensione
ora a questo link ?

BestBooksActivity.com/Recensioni50

SFIDA FINALE!

Sfida n°1

Sei pronto per il tuo gioco gratuito? Li usiamo sempre, ma non sono così facili da trovare - ecco i **Sinonimi!**
Scrivi 5 parole che hai trovato nei puzzle (n° 21, n° 36, n° 76) e prova a trovare 2 sinonimi per ogni parola.

Scrivi 5 parole del **Puzzle 21**

Parole	Sinonimo 1	Sinonimo 2

Scrivi 5 parole del **Puzzle 36**

Parole	Sinonimo 1	Sinonimo 2

Scrivi 5 parole del **Puzzle 76**

Parole	Sinonimo 1	Sinonimo 2

Sfida n°2

Ora che ti sei riscaldato, scrivi 5 parole che hai trovato nei puzzle n° 9, n° 17 e n° 25 e cerca di trovare 2 contrari per ogni parola. Quanti ne puoi trovare in 20 minuti?

Scrivi 5 parole del **Puzzle 9**

Parole	Antonimo 1	Antonimo 2

Scrivi 5 parole del **Puzzle 17**

Parole	Antonimo 1	Antonimo 2

Scrivi 5 parole del **Puzzle 25**

Parole	Antonimo 1	Antonimo 2

Sfida n°3

Grande! Questa sfida non è niente per te!

Pronto per la sfida finale? Scegli 10 parole che hai scoperto nei diversi puzzle e scrivile qui sotto.

1.	6.
2.	7.
3.	8.
4.	9.
5.	10.

Ora scrivi un testo pensando a una persona, un animale o un luogo che ti piace.

Puoi usare l'ultima pagina di questo libro come bozza.

La tua composizione:

TACCUINO:

A PRESTO!

Tutta la Squadra

SCOPRIRE GIOCHI GRATIS

GO

↓

BESTACTIVITYBOOKS.COM/FREEGAMES

www.ingramcontent.com/pod-product-compliance
Lightning Source LLC
Chambersburg PA
CBHW082053120626
46553CB00011B/3387